Vorwort

Labyrinthe haben eine außerordentlich starke Anziehungskraft. Sobald Sie eines gesehen haben, lässt es Sie nicht mehr los. Wie ein Magnet zieht es an und verführt zu einer einzigartigen Form des Entdeckens. Während unserer Arbeit an dem Buch *Energie und Kraft durch Mandalas* sind wir immer wieder Labyrinthen begegnet. Wir merkten bald, dass wir auf ein großes Feld von außerordentlichem Symbolreichtum gestoßen waren. Das Grundthema des Labyrinths ist der Weg, besser noch: die Suche nach dem für uns richtigen Weg.

Das Labyrinth konfrontiert uns mit der eigenen Angst vor dem Unbekannten und gibt uns zugleich den notwendigen Halt auf dem Weg. Es macht Schönheit und Schrecken des Lebensweges sichtbar und damit auch leichter begreifbar. Es offenbart sich als phantastischer Irrgarten oder als archaischer Tanzplatz, als Treffpunkt für Liebende oder als verspielte Rätselburg – oder (in seiner großartigsten Dimension) als Initiationsweg, Pilgerreise und heiliger Raum.

Machen Sie sich mit uns auf den Weg ins Labyrinth. Sie werden staunen, wie hilfreich das Symbol des Labyrinths ist, um sich in Krisenzeiten zu orientieren, komplizierte Beziehungen besser zu verstehen, den persönlichen Selbstwerdungsprozess zu fördern und inmitten der verwirrend vielen Möglichkeiten des Lebens ein tiefes Gefühl der Geborgenheit zu finden. Denn darin liegt sein Geheimnis: Mitten im Labyrinth wird sich Ihr Blick weiten, Sie werden den richtigen Pfad finden und mutig neue Wege gehen können.

Marion und Werner Küstenmacher

Einführung

Der Minotauros ist es,
der die Existenz des Labyrinths
vollgültig rechtfertigt.
Jorge Luis Borges

Der Ursprung des Labyrinths

So rätselhaft wie die Wege in einem Irrgarten ist auch das Wort »Labyrinth«. Im Jahr 1892 äußerte der deutsche Archäologe Maximilian Mayer eher beiläufig die Vermutung, der Begriff »Labyrinth« gehe auf das griechische Wort *labrys* zurück, das so viel wie »kretische Doppelaxt« bedeute. Noch heute kann man diese Erklärung in vielen Fachbüchern finden, obwohl Mayer damals nicht den Hauch einer Begründung mitlieferte. Der modernen Sprachforschung hält diese Erklärung jedenfalls nicht mehr stand – schon weil die Doppelaxt in Griechenland »pelekys« und in Kreta »wao« hieß.
Das älteste Bauwerk, das als »Labyrinth« bezeichnet wurde, war der Totentempel des ägyptischen Pharaos Amenemhet III. Um 1800 v. Chr. ließ er ihn bei Medinet el Fayum bauen. Außer ein paar Säulenstümpfen ist davon heute nichts mehr erhalten. Das verlässlichste Zeugnis stammt von dem griechischen Geschichtsschreiber Herodot, der um 450 v. Chr. das gigantische Bauwerk selbst besichtigt hat. Er war fasziniert von der Größe, empfand die klar gegliederten 3000 Kammern aber keineswegs als verwirrend. Offensichtlich wurde damals also eine kunstvolle, komplexe Gebäudearchitektur mit vielen Räumen als »Labyrinth« bezeichnet. Erst später verband sich dann dieses Motiv der Komplexität mit dem Motiv des Irrgartens als einem unübersichtlichen und verwirrenden Raum, in dem man lange nach dem Ausgang suchen muss.

Das Rätsel der Minotaurus-Sage

Die heutige Bedeutung von »Labyrinth« geht zurück auf die Sage vom Minotaurus: Einst verliebte sich Pasiphaë, die Frau des kretischen Königs Minos, in einen weißen Stier. Aus dieser Beziehung ging ein schreckliches Tier-Mensch-Ungeheuer hervor, der Minotaurus. Der König beauftragte seinen Baumeister Daidalos, für dieses Wesen ein sicheres Gefäng-

Achteckiges Labyrinth in der Kathedrale von Amiens, Frankreich (1288)

nis zu errichten. So entstand das Labyrinth. Dem Minotaurus, berichtet die Sage weiter, mussten alle neun Jahre sieben Mädchen und Jungen geopfert werden – eine Pflicht, die König Minos nach einem gewonnenen Feldzug den verhassten Athenern als Tribut aufgeladen hatte.
Eines Tages befand sich unter den unglücklichen Opfern der athenische Prinz Theseus. Ariadne, die Tochter des kretischen Königs, verliebte sich auf der Stelle in den gut aussehenden Helden und verriet ihm das Geheimnis, wie er sich aus dem Labyrinth befreien könne. Sie gab ihm eine Rolle Garn – den berühmten Ariadnefaden –, dessen eines Ende Theseus am Eingang befestigte und den er während seines Gangs durch das Labyrinth abrollte. Theseus tötete den Minotaurus, fand mit Hilfe des Garns wieder aus dem Labyrinth heraus, kehrte mit Ariadne und den anderen geretteten jungen Leuten nach Athen zurück und wurde dort König.
Ob diese Geschichte auf eine wahre Begebenheit zurückgeht, ist allerdings fraglich. Es gibt keinerlei Zeugnisse der Kreter für diese Sage, weder Bauten noch irgendwelche Erzählungen, sondern nur die Berichte aus Athener Sicht. Der griechische Biograph Plutarch berichtet im Jahr 100 n. Chr. von mindestens fünf verschiedenen Versionen der Theseus-Sage, die es zu seiner Zeit gegeben hat. Nur eine einzige davon erzählt von einem Labyrinth-Bauwerk. Populär geworden ist die Labyrinth-Version vor allem durch Sir Arthur Evans, den Ausgräber des Palasts von Knossos. Für ihn war klar, dass der von ihm entdeckte Palast das sagenhafte Gefängnis des Minotaurus gewesen sein musste. Die Vorstellung vom Irrgarten aber ist eine sehr späte Idee, die bei der Errichtung des Palastes noch keine Rolle gespielt haben kann. Außerdem ist das umfangreiche Gebäude in Knossos ausgesprochen gut gegliedert und übersichtlich. Und auch andere labyrinthartige Gebäude gibt es auf Kreta nicht.

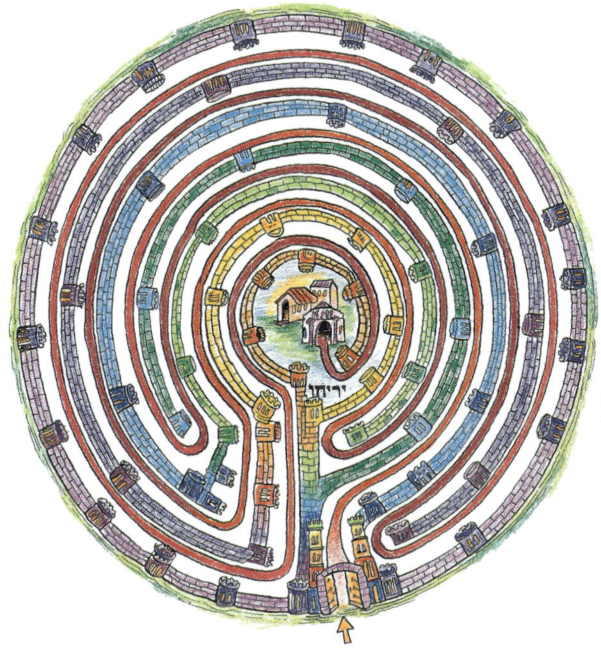

Die Mauern von Jericho, Miniatur aus der Farhi-Bibel, Spanien oder Provence (14. Jahrhundert)

War das Labyrinth ein Tanz?

Der deutsche Labyrinth-Forscher Hermann Kern hat eine bemerkenswerte Erklärung für die vielen Rätsel rund um die Minotaurus-Sage. Er verweist auf Homer, der davon berichtet, dass Daidalos einen »kunstvoll gefügten Choros« für Ariadne geschaffen hat. Damit kann sowohl eine Tanzform als auch ein Tanzplatz gemeint sein – oder beides.
Kern nimmt an, dass es sich dabei um einen Platz mit einem labyrinthförmigen Bodenornament gehandelt hat, auf dem der Labyrinth-Tanz der Kreter aufgeführt wurde. »Kreisend liefen sie umher wie auf einer Töpferscheibe«, heißt es bei Homer, »bald auch tanzten sie wieder in Reihen einander entgegen.« Kerns These: Das »Labyrinth« ist ein zentrales

kretisches Tanzritual, und wenn Theseus von Ariadne das Garnknäuel erhält, teilt sie ihm die Struktur des mysteriösen Ritus mit. Dabei kommt es offenbar darauf an, dass man die Tanzenden als fadenförmiges Gebilde versteht und dadurch aus dem Tanzgewirr herausfindet, indem man das Ende des »Fadens« ergreift.
Durch die Erklärung Ariadnes jedenfalls kann Theseus eine Art Prüfung bestehen und darf sich anschließend dem König zum Zweikampf stellen, der alle neun Jahre seine sakrale Königsmacht durch einen solchen Kampf erneuern lassen musste. Bei diesem Ritual kam es außerdem zur »Heiligen Hochzeit« des Königs (mit Stiermaske) und der Königin (mit der Maske einer Mondkuh).
Erst in der griechischen Minotaurus-Sage wurden dann aus der »Heiligen Hochzeit« der eigenartige Bericht über die Liebesaffäre der Königin mit einem Stier, aus dem neunjährigen Rhythmus der Thronerneuerung die Tributzahlungen und aus dem besiegten, als Stier maskierten König Minos der »Minotaurus«.

»Jungferntanz«, Wandfresko in der Kirche von Sippo, Finnland (15. Jahrhundert)

Derartige Verballhornungen der Riten besiegter Völker waren tatsächlich keine Seltenheit in der Geschichte der Menschheit. Und auch die Archäologie liefert eine kräftige Unterstützung für die ungewöhnliche These von Hermann Kern: Das typische »kretische« Labyrinth mit sieben Umgängen (siehe Abbildung Nr. 5 auf Seite 9) findet sich auf zahlreichen griechischen Münzen. Es bezeichnet ganz eindeutig kein gemauertes Bauwerk, sondern eine in den Boden geritzte (Tanz-)Figur.

Ein europäisches Phänomen

Unbestritten bleibt bei alledem, dass das Labyrinth ein abendländisches Phänomen ist, das sich nach und nach vom Mittelmeer aus in alle vier Himmelsrichtungen ausgebreitet hat. So findet es sich im Norden Europas als skandinavisches Steinlabyrinth (»Trojaburg«) und im Westen als französisches Kirchen- oder englisches Rasenlabyrinth – übrigens stets verbunden mit einer Art Labyrinth-Tanz oder einer »Begehung« der Struktur auf dem Boden.
Im Süden begegnet das Labyrinth auf äthiopischen Zauberrollen, und im Osten hat es den Weg (vermutlich über den Indienfeldzug Alexanders des Großen, 327 v. Chr.) sogar bis nach Indien geschafft. Amerikanische Sandzeichnungen verschiedener Indianerstämme belegen, dass das Labyrinth um die ganze Welt gewandert ist.

Labyrinth und Irrgarten

Wenn wir von einem »Labyrinth« sprechen, kann das mehrere Bedeutungen haben:
Erstens ist es ein sprachliches Bild für eine unüber-

sichtliche, verwirrende Situation. »Im Labyrinth der Gefühle« oder »Das Labyrinth des Lebens« sind solche Metaphern.
Zweitens bezeichnet es eine real existierende Anlage (z. B. ein Bauwerk oder ein Gartenlabyrinth) oder einen (meist von oben gesehenen) Plan einer solchen Anlage, der dem Besucher einen Weg anbietet, den er selbst begeht oder mit den Augen nachvollzieht. Derartige Pläne finden Sie in diesem Buch.
Im zweiten Fall gibt es eine wichtige Unterscheidung:
a) das Labyrinth, bei dem der Weg keine Abzweigungen und Kreuzungen hat, sondern lediglich auf gewundene Weise zwangsläufig zum Mittelpunkt der Anlage führt. In einem solchen Labyrinth kann man sich nicht verlaufen.
b) der Irrgarten, bei dem der Weg Abzweigungen, Kreuzungen und vielerlei andere Formen hat, die den Besucher bewusst in die Irre führen.
Obwohl fachlich nicht ganz korrekt, bleiben wir bei der umgangssprachlichen Bedeutung und nehmen »Labyrinth« als Obergriff für beide Arten. Zur deutlicheren Unterscheidung werden wir für den Nicht-Irrgarten (ohne Abzweigungen) den Begriff »klassisches Labyrinth« verwenden.

Das Labyrinth erfahren

Obwohl ein klassisches Labyrinth und ein Irrgarten auf den ersten Blick sehr ähnlich aussehen, setzen sie den Besucher ganz gegensätzlichen Erfahrungen aus: Im klassischen Labyrinth hat man nicht mit Orientierungsproblemen zu kämpfen, sondern kann sich auf die *innere* Erfahrung konzentrieren, sicher geleitet zu werden. Was bleibt, ist aber die Spannung und möglicherweise die Angst vor dem, was einen am Ende des Weges erwartet. Die Darstellungen des Labyrinths (bzw. des Labyrinth-Tanzes) von Knossos und

Banner mit Labyrinth, Illustration aus dem Buch »De re militari« von Robertus Valturius, Italien (15. Jahrhundert)

alle darauf beruhenden Gebilde sind solche klassischen Labyrinthe.
In einem Irrgarten dagegen konzentriert sich der Besucher nach *außen:* Der Weg zum Zentrum muss in Eigeninitiative mit Hilfe des Orientierungssinns und des Versuch-und-Irrtum-Prinzips gefunden werden. Ein guter Irrgarten sorgt für möglichst viel Verwirrung, bringt aber auch Kurzweil bei der Suche. Deshalb wurden die meisten Gartenlabyrinthe als Irrgärten angelegt. Sie dienten dem Zeitvertreib und Vergnügen, auch wenn sie ziemliche Schwierigkeiten bereiten konnten.
Manchmal hilft in solchen Irrgärten ein einfacher Trick: die Hand-an-der-Wand-Methode. Dabei hält die rechte Hand immer Kontakt mit der rechten Wand (oder umgekehrt: die linke Hand mit der linken Wand). Das bewahrt vor dem Verlaufen und führt sicher zur Mitte des Irrgartens und wieder heraus. Es gibt allerdings auch Irrgärten, die durch die Bildung von speziellen Inseln dieser Methode einen Riegel vorschieben.
In diesem Buch finden Sie klassische Labyrinthe und Irrgärten bunt gemischt. Da es sich dabei jeweils um

Holzschnitt aus dem Buch »Libro de laberinti« von Francesco Segala, Italien (16. Jahrhundert)

Labyrinth-Pläne handelt, bietet Ihnen das Buch eine andere Erfahrung als das Begehen einer Labyrinth-Anlage mit Mauern oder Hecken: Wer das Labyrinth von oben betrachtet, hat den Überblick. Er begibt sich in Gedanken auf die gewundene Bahn und durchwandert dabei die Windungen des eigenen Geistes. Wer das Labyrinth ausmalt, kommt außerdem in Kontakt mit dem Geist dessen, der es erdacht hat. Es sind Erfahrungen auf einer weiteren Ebene möglich: Neben der Konzentration nach innen (beim klassischen Labyrinth) und der Konzentration nach außen (beim Irrgarten) richtet sich die Konzentration des Betrachters auch nach oben, indem er über die Beschränkung der Labyrinthmauern hinausdenkt. So wird der Weg durchs Labyrinth zum Gleichnis für unseren Weg durchs Leben und für die Suche nach dem, was die Mitte unseres Lebens ausmacht.
Die Wege, die wir täglich, monatlich, jährlich innerlich wie äußerlich zurücklegen, führen uns manchmal sehr nahe zur Mitte und dann wieder unendlich weit davon weg. Wenn man im Labyrinth die Mitte in den vielen Pendelbewegungen umläuft oder beim Ausmalen umrundet, erlebt man etwas sehr Wohltuendes: Die vielen Einzelfunktionen, aus denen unser Alltag besteht, ordnen sich auf die eigene Mitte hin. So hebt uns das Labyrinth aus dem Alltag heraus und gibt ihm zugleich eine tiefere Bedeutung.

Grundtypen des klassischen Labyrinths

1

Das klassische oder »kretische« Labyrinth beruht auf einem zentralen Kreuz und vier Eckpunkten (Abbildung 1). Nun wird nacheinander jeder Kreuzarm mit dem links von sich liegenden Eckpunkt verbunden, aber nicht auf direktem Weg, sondern mit Umschlingung eines anderen Punktes (Abbildungen 2 bis 5). So bilden

2

sich in steter Pendelbewegung des Baumeisters sieben Umgänge. Wird anstelle des einfachen Kreuzes ein aus mehreren parallelen Linien gebildetes Kreuz verwendet, entstehen Labyrinthe kretischen Typs mit elf, fünfzehn, neunzehn und mehr Umgängen – pro Kreuzerweiterung kommen vier Umgänge dazu.
Das geometrische Grundprinzip hinter dieser Art von Labyrinth ist die Verbindung von Kreis und Quadrat. Jede der beiden Figuren steht für einen Grundtyp von Weltbild:
Das Quadrat bezeichnet die Ordnung der vier Him-

③

melsrichtungen. Vom lateinischen Wort »oriens« für »Osten« kommt der Begriff »Orientierung«: Struktur finden, sich zurechtfinden, ein Ziel und eine Richtung haben. Der Kreis ist das Symbol für Ganzheit, Vollkommenheit und Wiederkehr. Das Labyrinth als Verbindung beider Prinzipien kann dadurch als Orientierungsfigur schlechthin gelten. Innerhalb der Ganzheit der Welt und der zyklischen Wiederholung in der Natur einen eindeutigen Weg finden – das ist das innere Thema jedes Labyrinths. Das lateinische Labyrinth zwingt den Kreis noch stärker in das Quadrat: Alle vier Viertel müssen nacheinander begangen werden, bis der Weg im Zentrum endet. Aber auch dabei beschreibt der Besucher einen »Kreis« um die Mitte, wenn auch in eigentümlich eckiger Form. Ein Beispiel für diesen Labyrinthtyp finden Sie auf Seite 53. In mittelalterlichen Labyrinthen wiederum ist der Kreis die beherrschende Figur. Die unregelmäßigen Schlaufen des kretischen Typs werden umgeformt und zu konzentrischen Kreisen geordnet. Weil das kretische Grundprinzip aber fortwirkt, ergeben sich bei diesen gotischen Labyrinthen vom Chartres-Typ (Seite 153) ebenfalls sieben, elf oder fünfzehn Umgänge.

④

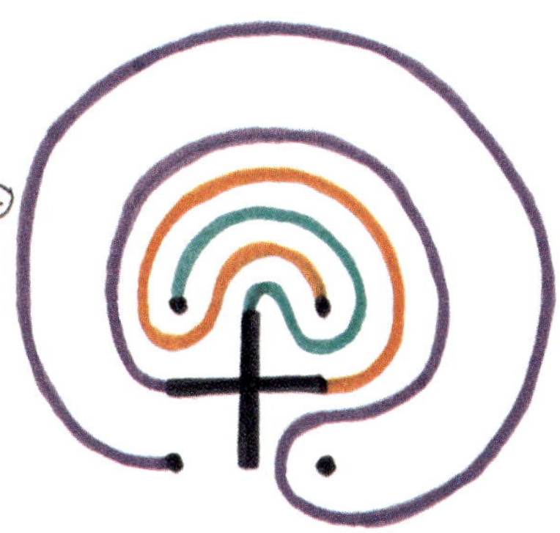

⑤

Labyrinth-Tänze

Jedes Labyrinth auf einem Fußbodenmosaik kann als Grundlage für den Tanz eines Einzelnen oder einer Gruppe gelten. Grundsätzlich lassen sich alle klassischen Labyrinthe dieses Buchs mit fließenden, runden Formen als Choreographie für eigene Tanzexperimente verwenden.
Von der Insel Delos kennen wir die Tradition des »Geranos« – des Kranichtanzes. Theseus soll ihn zuerst um den Altar des Apollon getanzt haben. Der Geranos wurde nachts aufgeführt. Ein Seil symbolisierte den Ariadnefaden, an dem sich sämtliche Tänzer zu einer Kette aufreihten. An jedem Seilende gab es einen Tanzführer, wobei der eine die Kette ins Labyrinth hinein- und der andere als Umkehrbewegung hinausleitete. Der Tanz lief also in seiner zweiten Hälfte rückwärts ab, kurz nachdem alle Tänzer ins Labyrinth eingedrungen waren und damit das Bild einer größtmöglichen Konfusion erzeugt hatten. Auch die begehbaren Kirchenlabyrinthe der Gotik sind mit dem Tanz verbunden. An Ostern wurde in den großen Kathedralen von Amiens, Chartres oder Reims ein heiliger Ostertanz aufgeführt. Nach der Ostervesper tanzte der Dekan im Dreischritt durch

Rasenlabyrinth, Hilton bei Comberton, Huntingdonshire, England (17. Jahrhundert)

das Labyrinth und warf dabei einen goldenen Ball als Symbol der Auferstehung den anderen Klerikern zu, die im Kreis um das Labyrinth standen.

Labyrinth und Religion

Es gibt keine unabhängigen Entwicklungen von Labyrinthen außerhalb des europäischen Kulturraums. Wenn sich welche finden, sind sie von der kretischen Kultur und ihren Nachfolgern beeinflusst. Damit es zur Ausbildung der Labyrinth-Idee kommt, muss man offenbar die Welt und das eigene Leben als Verstrickung erfahren und an eine Erlösungsfigur denken. In Gesetzesreligionen wie dem Islam spielt das Labyrinth daher keine Rolle.
Die Funktion des Labyrinths hat mit ziemlicher Sicherheit mit der Initiation zu tun, also dem rituellen Übergang vom Kindsein zum Erwachsenenleben. Gleichgültig, ob es sich dabei um einen Tanz, eine Bodenzeichnung oder ein Gebäude handelt, die Grundstruktur ist jeweils dieselbe: Ein Innenraum wird abgetrennt. Der Weg dorthin ist kompliziert. Um ihn zu gehen, ist ein gewisser Reifegrad nötig, und das Gehen ist körperlich wie seelisch anstrengend. Der Weg pendelt hin und her; er lässt die Orientierung verlieren. Nur wer durchhält, gelangt zur Mitte. Dort ist der Gehende, Tanzende oder Suchende mit sich allein. Hier begegnet er einem göttlichen Prinzip, einem Minotaurus (dem »inneren Tier«) oder sonst einem Erlebnis, das ihn zur Umkehr bringt. Eine Kehrtwendung ist nötig, um den anstrengenden Weg hinaus zu finden. Das Labyrinth ist ein Symbol für Tod und Wiedergeburt, für Ende und Neubeginn, für Desorientierung und neue Zielgerichtetheit.

Labyrinth und Stadt

Ein ähnlicher Vorgang (Abtrennung eines Innenraums, Hin- und Herpendeln auf dem Weg um diesen Raum) läuft beim Errichten einer Stadtmauer ab.
Es gibt verschiedene Belege dafür, dass bei Stadtgründungen labyrinthartige Tänze als Schutz- und Abwehrzauber aufgeführt wurden. Die meisten römischen Labyrinthe stellen eine befestigte Stadt dar und wurden als Schutzzauber in der Nähe der Haustür platziert. Selbst in den gotischen Kathedralen findet sich das Labyrinth in alter Tradition im Eingangsbereich. Von einigen Städten der Antike (z. B. Jericho, Troja, Konstantinopel) wurde auch behauptet, dass sie deshalb so schwer einzunehmen waren, weil sie ursprünglich ein Labyrinth als Grundriss hatten und damit unter dem Schutz einer Gottheit standen. Das Labyrinth als Stadt symbolisiert also Stärke und Widerstandskraft.

Entwurf für ein Gartenlabyrinth von Hofmedicus D. Loris aus Montbéliard, Holzschnitt aus »Le Thresor des Parterres De L'Univers ...«, Genf, 1579

Labyrinth und Mandala

Das klassische Labyrinth ist in seiner Geschlossenheit und Zentrierung auch ein Mandala, ein kreisrundes Bild zur Versenkung. Es gibt nur einen Weg. Wer ihn beschreitet, wird in vielerlei Umgängen gezwungen, um die eigene Mitte herumzulaufen. Erst wenn er den Innenraum in möglichst vielen Umgängen und Pendelbewegungen vollständig abgeschritten hat und alle Dimensionen seiner eigenen Person erfahren hat, kann er das Zentrum erreichen.
Der Psychoanalytiker C. G. Jung, dem wir die Wiederentdeckung der Mandala-Tradition für die westliche Psychologie verdanken, sprach immer wieder von der labyrinthischen Verschlungenheit unseres Lebensweges – eines Pfades, »der des Schreckens nicht entbehrt«. Wir sind zeit unseres Lebens auf der Suche nach der Mitte, der »Ganzheit« unseres Wesens. Auf dem Weg dorthin begegnen wir zahllosen Gegensätzen, müssen viele Umwege gehen und bewegen uns immer wieder hoffnungslos vom Ziel weg. Die Aufgabe aber bleibt der Weg ins Zentrum, und von diesem Zentrum her bezieht unser Leben auch seine Energie und seinen Reiz.
Seit etwa drei Jahrhunderten, seit dem Zeitalter der »Aufklärung«, wurde das klassische Labyrinth allmählich vom Irrgarten verdrängt. Der Mensch will seitdem immer mehr Entscheidungen selbständig treffen. Dadurch erlebt er seine Umgebung aber als immer komplizierter – was letztlich nur die nach außen projizierte Abbildung seines eigenen Innenlebens ist. Die zum Teil sehr komplizierten Irrgärten in diesem Buch können helfen, indem sie die Kompliziertheit des Inneren sichtbar und spielerisch erlebbar machen.

Vom Ausmalen und Betrachten

Eine bewährte Form der intensiven Beschäftigung mit Ornamenten ist es, sie mit Buntstiften, Wachsmalkreiden, Filzschreibern oder Wasserfarben auszumalen. Dabei macht sich Ihre Hand aktiv auf den Weg, ohne in den Bahnen des Labyrinths gefangen zu sein. Indem Sie sich in die Begrenzungslinien des Bildes vertiefen, öffnen Sie sich für die Empfindungen und Absichten des Künstlers, der das Labyrinth so und nicht anders entworfen hat. Das kann vor zehn Jahren oder vor einigen Jahrtausenden geschehen sein – durch das Ausmalen seiner Strukturen schwindet die zeitliche Distanz.
Beim Ausmalen, das hat sich immer wieder gezeigt, erlebt man Ungenauigkeiten in der Darstellung und handgemalte Linien als lebendig. Deswegen werden Sie in diesem Buch keine Vorlagen finden, die von

Labyrinth aus Indien (ca. 18. Jahrhundert), mit Aquarellfarben gestaltet

einem Computer gestaltet, mit Zirkeln oder Linealen erzeugt wurden.
Auch das bloße Betrachten eines gezeichneten Labyrinths kann eine verblüffende Wirkung haben. Es zieht Sie in seinen Bann, lässt Sie nach dem richtigen Weg suchen und versetzt Sie in den Zustand einer angenehmen Versenkung. Sogar bei einem Irrgarten mit komplizierten Verzweigungen werden Sie wegen des »Überblick-Effekts« niemals das beklemmende Gefühl bekommen, das Sie beim Verirren in einem realen Irrgarten beschleichen kann. Dieser »Überblick-Effekt« kann ausgesprochen heilsam sein für Irrgarten-Situationen in Ihrem Leben: Sie lernen, dass »von oben gesehen« die Lösung vielleicht viel einfacher ist, als Sie meinen.
Setzen Sie sich keine Grenzen. Wenn Sie zu Buntstift, Filzschreiber, Wachsmalkreiden oder Wasserfarben greifen und sich in diese zum Teil uralten Formen vertiefen, dann geht es nicht um richtig oder falsch, um Regeln oder Empfehlungen, sondern allein um eines: dass Sie mit Hilfe der Labyrinthe neue Wege für sich entdecken.
Trotzdem wollen wir Ihnen noch ein paar Anregungen geben. Grundsätzlich gibt es zwei Möglichkeiten, Farbe ins Labyrinth zu bringen. Zum einen können Sie sich immer an die vorgegebenen Bahnen halten und die Wege mit aufeinander folgenden Farben gestalten. Entscheiden Sie selbst, ob Sie die Farben deutlich voneinander absetzen wollen oder ob sie lieber Ton in Ton ineinander übergehen sollen.
Zum anderen können Sie die Farben über die Bahnen hinauswachsen lassen und damit neben der eigentlichen Labyrinthebene und ihren Zwängen eine farbliche Ebene schaffen, für die andere Gesetze gelten. Das ergibt einen ganz neuen Zusammenklang beim Betrachten des fertigen Bildes. Besonders schön gelingt dies mit Wasserfarben oder mit den zarten Aquarellfarben, die ja einer eigenen Dynamik beim Zusammenlaufen folgen und damit zusätzliche Überraschungsmomente bieten. Nicht selten erzeugt man dann ein verblüffend heiteres Gegengewicht zu den strengen Begrenzungslinien, die ein Labyrinth ausmachen, und steht plötzlich in ganz anderer Gestimmtheit vor dem in Farbe getauchten Labyrinth.
Viele weitere Möglichkeiten beim Ausmalen von Labyrinthen schaffen Sie sich, wenn Sie sich pro Bild für eine beschränkte Anzahl von Farben aus einem Farbbereich entscheiden, die dann dank der besonderen Schlangenbewegungen der Labyrinthbahnen auf überraschende Weise einander begegnen und zusammenklingen können. Man kann auch die Anzahl der verwendeten Farben von außen nach innen (oder umgekehrt) immer mehr reduzieren und damit eine farbliche Konzentration schaffen.
Experimentieren Sie nach dem Ausmalen mit Farben auch einmal mit Gold- und Silberstiften. Sie sollten

eine feine Spitze haben sowie wasserfest, lichtbeständig und deckend sein. Damit können Sie alle möglichen Farbaufträge übermalen oder überschreiben. Dem geheimnisvollen Wesen der Labyrinthe entsprechend können Sie kostbare Strukturen und Zeichen ins Labyrinth einfügen oder persönliche Einsichten und Wünsche „einfließen„ lassen. Man kann so aus einem Labyrinth zum Beispiel einen Liebesbrief machen oder es als einen ganz besonderen Untergrund für einen lieb gewonnenen Text oder ein schönes Gedicht verwenden.

Labyrinthe zum Begehen

Dieses Buch konzentriert sich auf die Erfahrungen, die Sie beim Betrachten und Ausmalen von Labyrinthen machen können. Vielleicht bekommen Sie daraufhin aber auch Lust, einmal durch ein bestehendes Labyrinth zu laufen? Oder sogar selbst eines zu bauen? Das Material für ein begehbares Labyrinth richtet sich natürlich nach dem Ort, wo es entstehen soll, sowie nach Ihren zeitlichen wie finanziellen Möglichkeiten. Lassen Sie sich darum von unserer Liste inspirieren:

Licht: Man kann den Weg mit Kerzen abstecken oder mit Teelichtern (in Gläsern, weil die Metalltöpfchen sehr heiß werden) markieren. Fackeln eignen sich, um im Freien die Umgrenzung des Gesamtfeldes abzustecken. Sehr hübsch ist es, mit Gartenlampions oder Martinslaternen bei Dunkelheit durchs Labyrinth zu ziehen.

Auf Asphalt: Das Labyrinth kann man mit Straßenkreide oder wetterfester Farbe aufmalen.

Innenräume: verschiedenfarbige Stoffe, die man in zirka zehn Zentimeter breite Streifen reißt und aneinander knüpft. Dicke Seile oder viele Springseile zum »Ariadnefaden« zusammenbinden. Kreppband eignet sich sehr gut zum Aufkleben der Labyrinthwege und lässt sich auch von Parkettböden abziehen, ohne Spuren zu hinterlassen. Ein einfaches Labyrinth kann man mit Blütenblättern oder Herbstlaub auslegen. Geeignet als Wegmarkierung sind auch Kartons, Schachteln und Obstkörbchen.

Webteppich, Entwurf für ein Bodenlabyrinth aus Backsteinen in der Fußgängerzone von Worsop Town Centre, Nottinghamshire, England (1990)

Auf Wiesen, Sandflächen oder anderen natürlichen Untergründen: Markieren Sie die Bahnen mit Steinen, Stöcken, Sandspuren, Strohballen, Kleintier-

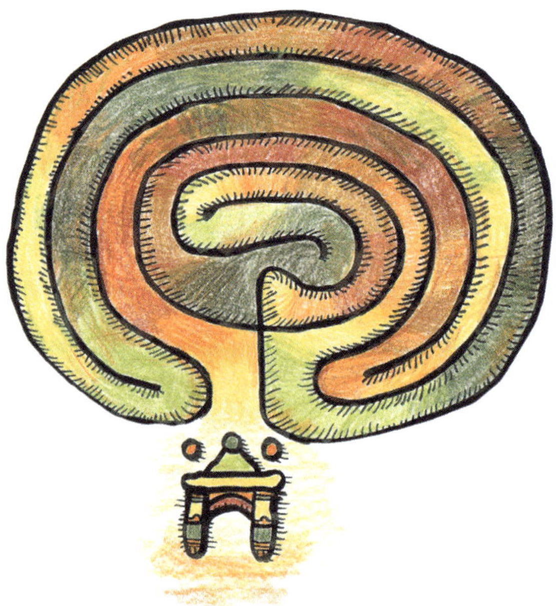

Illustration aus einem spanischen Manuskript nach der Sandzeichnung der Pima-Indianer, Mexiko (18. Jahrhundert)

streu, Laub oder Rindenmulch. In sandigen oder lehmigen Boden können Sie das Labyrinth auch einritzen. In den Schnee treten Sie einfach Fußabdrücke als Wegbegrenzung.

Mit Labyrinth-Motiven gestalten

Viele Labyrinthe sind ausgezeichnete Motive für Seidenmalerei, Stickereien, Wandbilder, Fensterbilder oder das Bemalen und Bedrucken von T-Shirts, Kleidern, Beuteln und Taschen. Ihrer Phantasie sind keine Grenzen gesetzt! Verwenden Sie zum Kopieren der Vorlage einfaches Butterbrotpapier oder durchscheinendes weißes »Layoutpapier« (gibt es im Schreibwarenhandel oder in Läden für Künstlerbedarf). In Leder oder Holz lassen sich die klaren Linien klassischer Labyrinthe übrigens gut mit einem Lötkolben einbrennen. Zaubern Sie Ihr Lieblingslabyrinth auf eine Tür, ein Tablett, auf Tassen, Teller, Schirme, auf den Gartentisch, auf ein Sonnensegel, auf eine Tafel oder einen Tisch, auf den Fußboden oder an die Decke über dem Bett im Kinderzimmer. Auch das Nachzeichnen und Übertragen einer Labyrinth-Vorlage ist eine entspannende und kreative Arbeit, die Sie dem Geheimnis des Labyrinths näher bringen wird.

Labyrinthe selbst entwerfen

Einige Motive in diesem Buch haben wir selbst zu Labyrinthen umgewandelt (z. B. das australische Känguru auf Seite 131). Gerade Tierumrisse eignen sich sehr gut dafür, labyrinthische Wege hineinzuzeichnen. Dadurch kann der Labyrinthgedanke auch in Kulturen eindringen, denen das Labyrinth eigentlich fremd ist.
Geeignet sind aber nicht nur Tiere, sondern alle Arten von Figuren, Gebäuden und Objekten, deren Umriss Sie zeichnen oder kopieren können. Machen Sie einen Umriss von Ihrem Auto, Ihrem Haus, Ihrem Garten oder auch Ihrem Lieblingsteddy und füllen Sie ihn mit den verschlungenen Pfaden Ihres ganz persönlichen Labyrinths aus.

Labyrinthe
zum Betrachten und Ausmalen, zum Suchen und Sich-Finden

Der Faden der Ariadne

Nichts bringt dich Gott näher
und macht dir Gott so zu Eigen
wie dieses süße Band der Liebe.
Wer diesen Weg gefunden hat,
der suche keinen anderen.
Meister Eckhart

Der Sage nach half die kretische Königstochter Ariadne dem Helden Theseus, den Rückweg aus dem Labyrinth des Minotaurus zu finden, indem sie ihm ein Garnknäuel zur Orientierung mitgab: den berühmten Ariadnefaden. Noch heute suchen wir in Anlehnung an diese antike Geschichte nach dem »roten Faden«, wenn wir es mit verwirrenden Zusammenhängen zu tun haben.

Dieses Rasenlabyrinth ist nicht nur als Ariadnefaden angelegt, sondern weist auch eine ganz besondere Länge auf: Es ist genau 365 m lang, hat also für jeden Tag des Jahres einen Meter; das entspricht etwa zwei Schritten. Damit wird es zum guten Ratgeber für alle, die unterwegs sind oder etwas Neues wagen. Man sollte sich nicht zu viel auf einmal vornehmen, es aber auch nicht nur bei einem einzigen Schritt belassen. Das führt zu einem Kontinuum der Bewegung, die menschliches Maß hat und gleichzeitig die Verbundenheit mit anderen fördert. Man kann sich für die eigene Entwicklung Zeit lassen und den Weg in kleinen Schritten bewältigen, ohne das »süße Band der Liebe« loszulassen.

Ein gutes Labyrinth für den Neujahrstag oder einen wichtigen Neubeginn. Wenn man gerade nach persönlicher Orientierung sucht, kann man es mit fein abgestuften Rottönen zum »roten Faden« machen.

Privates Rasenlabyrinth in Somerton bei Banbury, Oxfordshire, England.
Alter unklar, Vorlage nach einem Plan aus dem Jahr 1920 ▶

Theseus und Ariadne

Ich will mit dem gehen, den ich liebe.
Ich will nicht ausrechnen, was es kostet.
Ich will nicht nachdenken, ob es gut ist.
Ich will nicht wissen, ob er mich liebt.
Ich will mit ihm gehen, den ich liebe.

Bert Brecht

Im Mittelkreis sieht man hier den griechischen Königssohn Theseus, der der Sage nach den schrecklichen Minotaurus im Labyrinth besiegte, und die kretische Prinzessin Ariadne, die ihm aus Liebe dabei geholfen haben soll. Weil sie deswegen die Rache ihres Vaters, König Minos, fürchten musste, floh sie zusammen mit Theseus, der sie aus Dankbarkeit mit nach Athen nehmen und dort heiraten wollte.
Über das weitere Schicksal der Liebenden gibt es widersprüchliche Berichte, die selbst einem Lebenslabyrinth gleichen. Die bekannteste Version: Theseus ließ Ariadne allein auf der Insel Naxos zurück, wo sie, bitter enttäuscht, die Treulosigkeit ihres Geliebten beweinte. Aber ihr Jammer dauerte zum Glück nicht ewig: Später heiratete sie den fröhlichen Dionysos, den Gott des Weines und der Vegetation, und hatte mit ihm vier Kinder.
Beim Ausmalen dieses Labyrinths kann man über die eigenen Erfahrungen mit Liebesglück und Liebesleid meditieren. Die Turteltauben in den Ecken verkörpern beides: Zwei Vogelpaare sind einander zugewandt, bei den beiden anderen wendet ein Vogel den Kopf ab.

Römisches Labyrinth aus Gargates bei Vienne/Lyon, Frankreich,
ca. 200–250 n. Chr. ▶

Das Steinhuhn

Willkommen, o Steinhuhn! Du wandelst so anmutig einher und bist zufrieden, wenn du die Berge göttlicher Erkenntnis durchfliegst. Erhebe dich freudig und bedenke die Vorteile des Weges. Klopfe mit dem Hammer an die Tür des Hauses Gottes und lasse die Berge deiner ungesunden Wünsche demütig dahinsinken!

Farid du-din Attar

In der berühmten Erzählung »Vogelgespräche« des persischen Mystikers Attar unterhält sich ein Steinhuhn mit anderen Vögeln über den Sinn und die Gefahren einer Pilgerreise nach innen. Es fürchtet sich vor der Reise, die durch seelische Wüsten und die »sieben Täler«, Symbole für sieben Zustände spiritueller Erfahrung, führt: Suche, Liebe, Erkenntnis, Nichtbedürfen, Einheit, Verwirrung und Nichtsein. Das Steinhuhn sucht am Anfang lieber in den Bergen nach kostbaren Edelsteinen und scheut die Mühen des unbekannten Pilgerweges. Dann aber wagt es auch den Aufbruch und vertraut sich dem Weg an, in der Hoffnung, das »wahre Juwel« seines Lebens zu finden.

Durchwandern Sie das kleine Labyrinth aus Ghana mit dem Vertrauen des Steinhuhns und suchen Sie auch nach einer Stelle, an der Sie sich ganz sicher fühlen und ein »Nest« für sich bauen könnten.

Malen Sie Edelsteine an die Stellen des Labyrinths, die Ihnen dafür am geeignetsten erscheinen. Haben Sie dabei materielle oder ideelle Schätze vor Augen? Können Sie beides würdigen? Wählen Sie unter diesen Kostbarkeiten das »wahre Juwel Ihres Lebens« aus und geben Sie ihm einen guten Namen.

Suchen Sie selbst nach Tierumrissen, in die Sie ein Labyrinth einfügen können.

Steinhuhn auf einem Messingrelief, von uns zum Labyrinth verändert, Ghana, Afrika, nach einem Musterbuch aus dem 19. Jahrhundert ▶

Der verschlossene Garten

Man geht nie weiter, als wenn man nicht mehr weiß, wohin man geht.
Johann Wolfgang von Goethe

Um das achteckige Zentrum gruppieren sich bei diesem Grundriss noch ein großes Oval und je zwei kleinere Achtecke und Ovale, die man wie ein Gärtner ganz nach Lust und Laune gestalten kann. Man kann in diesen Gartenräumen Wasserbecken oder plätschernde Brunnen bauen, hohe Türme oder lauschige Pavillons errichten, leuchtende Blumenbeete oder schön gepflasterte kleine Plätze mit Ruhebänken anlegen.

Weil zu diesem großzügigen Garten nur eine kleine, enge Pforte führt, ist er in seiner Geschlossenheit und Zentriertheit ein besonders positives Symbol für den geschützten Garten unserer Seele. Hier wachsen wir, hier entfaltet sich unsere Lebensenergie, hier finden wir innere Ruhe, Schutz und Erfrischung, hier blühen wir auf.

Ein Labyrinth, um in Ruhe über die eigene Reifung zu meditieren, die sich ungestört entwickeln will, aber auch die achtsame Pflege der inneren Bilder und Kräfte erfordert.

Plan des Ingenieurs Gabriele Bertazzolo für einen Irrgarten, der 1607 in Mantua, Italien, auf Veranlassung des Herzogs von Gonzaga angelegt wurde. Zeichnung aus seiner »Carta Topografica di Mantova« von 1628 ▶

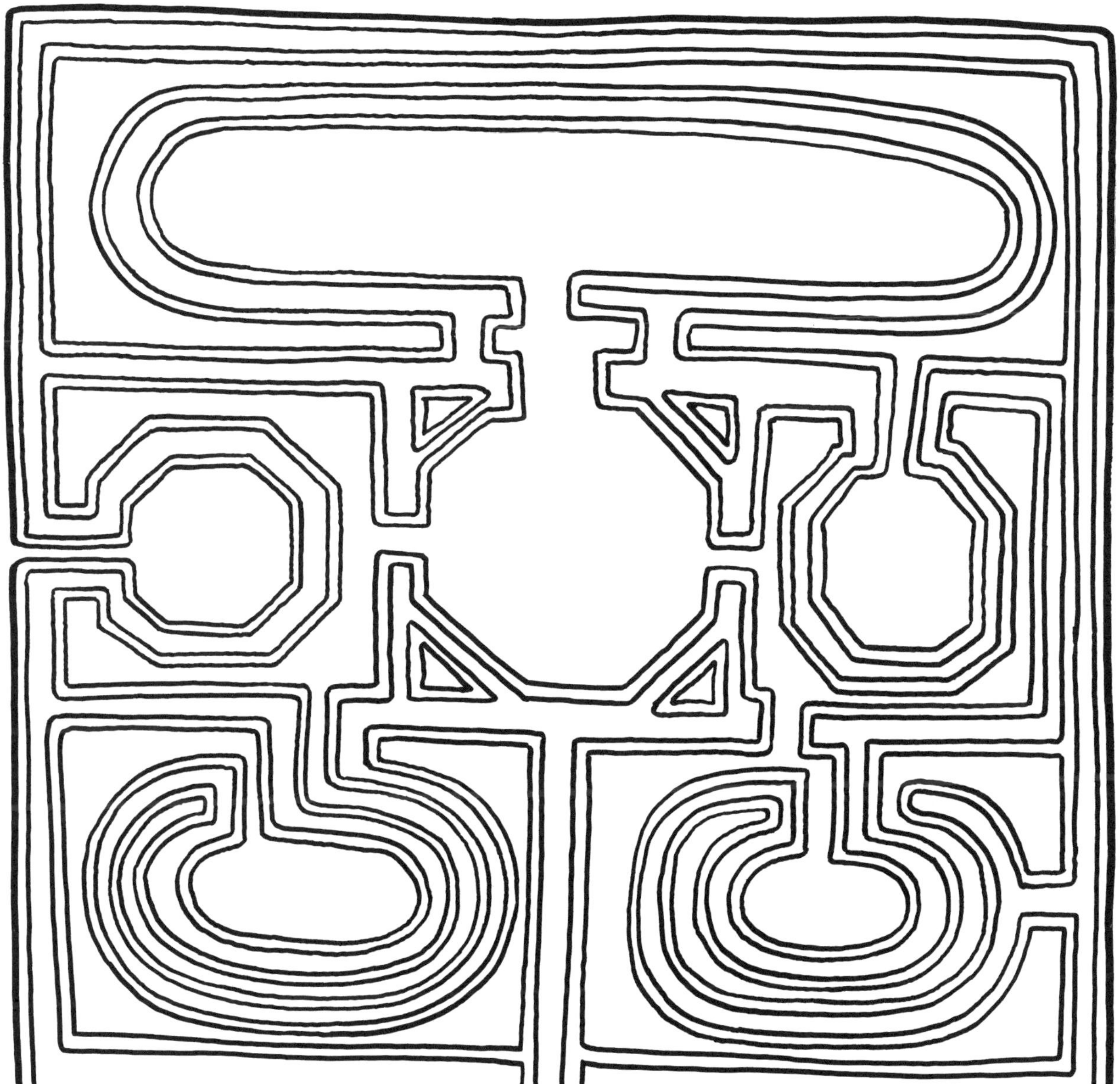

Die Kieselsteine

Als sie endlich erwachten, war es schon finstere Nacht. Gretel fing an zu weinen und sprach: »Wie sollen wir nun aus dem Wald kommen!« Hänsel aber tröstete sie: »Warte nur ein Weilchen, bis der Mond aufgegangen ist, dann wollen wir den Weg schon finden.« Und als der volle Mond aufgestiegen war, so nahm Hänsel sein Schwesterchen an der Hand und ging den weißen Kieselsteinen nach, die schimmerten wie neu geschlagene Batzen und zeigten ihnen den Weg.

Aus dem Märchen »Hänsel und Gretel«

Steine dienen seit Urzeiten zur Wegbefestigung. Am Wegrand aufgehäuft, sind sie markante und unverwüstliche Orientierungspunkte und helfen dem Wanderer, sicher ans Ziel zu kommen. In Skandinavien haben sich über 500 Steinlabyrinthe erhalten, die 600 bis 1000 Jahre alt sind und »Trojaburgen« genannt werden. Vom Typ her gehören sie zu den kretischen Labyrinthen und haben sieben bis elf Umgänge. Oft liegen sie in der Nähe von prähistorischen Gräbern und fast immer in unmittelbarer Nähe der Küste.

- Ein Steinlabyrinth im kretischen Stil lässt sich leicht mit Kindern bauen. Dabei können sie wie Hänsel und Gretel erfahren, wie man von den Steinen sicher den Weg entlanggeführt wird.
- Man kann auch große »Stolpersteine« auf den Weg legen und sich darin üben, Hindernisse aus dem Weg zu räumen.
- Mit kleinen, rund geschliffenen Bachkieseln kann man hübsche Farbeffekte erzielen: Lassen Sie die Steine nach innen immer dunkler und kleiner werden oder suchen Sie nach besonders bunten Kieseln.

Jungfrauenring von Kopmansholm, nordöstlich von Stockholm, Schweden. Gleich hinter dem Eingang verzweigt sich der Weg, so dass zwei Läufer verschiedene Gänge benutzen können ▶

Das Einhorn

»Wie kann das sein?«, fragte sich das Einhorn. »Ich könnte ja noch verstehen, dass die Menschen uns Einhörner vergessen haben oder dass sie sich geändert haben und uns jetzt hassen und jedes Einhorn töten wollen, das sie sehen. Aber sie erkennen mich ja nicht einmal, sie sehen mich an und sehen etwas ganz anderes! Wie mögen sie da erst füreinander aussehen? Wie sehen da wohl Bäume in ihren Augen aus oder Häuser oder wirkliche Pferde und wie ihre Kinder?«

Peter S. Beagle

In China verehrt man das sagenumwobene Einhorn neben dem Phönix, der Schildkröte und dem Drachen als wohlwollendes oder geistiges Tier. Es heißt, dass das freundliche »K'i-lin« bei der Geburt eines guten und vollkommenen Kaisers oder eines großen Heiligen erscheine. Die Mutter des weisen Konfuzius sah ein Einhorn, als sie schwanger war. Wird ein Einhorn, das Sinnbild für Sanftmut und Güte, von Menschen verwundet, so droht ihnen Unheil oder Tod. Bei uns im Abendland heißt es, dass man das scheue Einhorn nur sehen kann, wenn das Herz von Reinheit und Lauterkeit erfüllt ist.

Umgeben Sie Ihr persönliches Einhorn mit zarten Farben in feinen Nuancen und machen Sie sich beim Malen bewusst, wie viel Wohlwollen Sie seit Ihrer Geburt erlebt haben. Dankbarkeit wäscht das Herz rein und hilft, das freundliche Einhorn zu erkennen.

Webteppich. Entwurf für ein Bodenlabyrinth aus Backsteinen in der Fußgängerzone von Worsop Town Centre, Nottinghamshire, England, 1990 ▶

Die vier Elemente

Vier Elemente,
innig gesellt,
bilden das Leben,
bauen die Welt.
Friedrich Schiller

In der Barockzeit sah man im Labyrinth auch ein Sinnbild für die unheilvolle Verstrickung in leere Vergnügungen und Laster. Davor warnte der ursprüngliche Begleittext dieses großen Labyrinths mit 17 Umgängen: »Das Reich der Wollust findet man leicht, aber man findet nur schwer wieder hinaus. Wenn man dem Bauch zu sehr gehorchen will, verringert man all seine übrigen Fähigkeiten. Diese schöne Lehre erteilt uns das Labyrinth, in das leicht hineinzukommen ist. Steht man aber erst richtig darinnen, dann ist es schwer, den Ausgang zu finden. In eitle Lust stürzt man genauso leicht hinein. Aber es ist nicht leicht, herauszukommen.«
Der Weg geht hinter der Figur im Zentrum weiter!
In den vier äußeren Kreisen, die man erst nach einigem Wandern erreicht, trifft man nacheinander auf die Elemente Wasser, Feuer, Luft und Erde. Mit den Elementen kann man eine kleine Selbst-Prüfung verbinden: Wo und wann sind Sie ganz in Ihrem Element? In welchem Bereich würden Sie ihre persönlichen Laster ansiedeln? Ist Ihnen ein Element fremd und gar nicht geheuer? Wohin »verirren« Sie sich nur ungern? Welches möchten Sie neu für sich entdecken?
Gestalten Sie beim Ausmalen die vor den Elementen liegenden Sektoren in den dazu passenden Farben. Welche Farbe hat für Sie die Luft?

Holzschnitt und Text aus dem Buch »Le Théatre des bons engins, auquel sount contenuz cent Emblemes moraulx« von Guillaume de la Perrière, Paris 1565 ▶

Der schwarze Mann

Das Labyrinth hat ein schief angebrachtes und schwer zugängliches Tor: Wie weit du zu laufen hast, wenn du von außen nach innen eilen willst, so weit führt es dich wieder durch die eng gewundenen Irrbahnen von innen zur Tiefe des Ausgangs; mit seinen Wegen nach außen verhext es dich Tag für Tag, und spottend treibt es mit den Windungen der eitlen Hoffnung sein Spiel mit dir wie ein Traum mit seinen leeren Gesichten, bis der Regisseur Chronos zerfließt und, ach, der Dunkelschaffer Tod dich empfängt und dir keine Möglichkeit mehr gibt, zum Ausgang zu gelangen.

Aus einem griechischen Manuskript des 11. Jahrhunderts

Dieses Labyrinth mit dem breiten Eingang hat kein Zentrum, aber am Ende des Weges lauert einem der »schwarze Mann« auf, eine unheimliche und bewaffnete Gestalt, die sich in der hintersten Ecke des Labyrinths versteckt hat. Unausweichlich läuft der Weg auf ihn zu. Weil das Bild trotz aller Bedrohung aber auch eine gewisse naive Harmlosigkeit vermittelt, eignet es sich gut, um damit bei Kindern Ängste abzubauen.

Während man dem schwarzen Gesellen tapfer entgegengeht, behält man ihn fest im Blick und merkt beim Näherkommen, wie klein der Angstmacher eigentlich ist. Ganz Mutige zeigen dem schwarzen Mann, wie man wieder aus dem Labyrinth herausfinden kann.

Auch für Erwachsene gilt: Mit fröhlichen Farben lässt sich die Angst am besten vertreiben!

Indisches Labyrinth, jainistisches Manuskript aus Rajasthan, vermutlich 18. Jahrhundert ▶

Der Reiter

Lasst mich nur auf meinem Sattel gelten!
Bleibt in euren Hütten, euren Zelten!
Und ich reite froh in alle Ferne,
über meiner Mütze nur die Sterne.

Johann Wolfgang von Goethe

Der Reiter im Aufbruch ist ein Signal für alle, die unterwegs die Abenteuer des Herzens suchen wollen. Meine erwartungsvolle Sehnsucht setzt mich in Bewegung. Ich erlebe die Suche nach dem richtigen Weg als Suche nach mir selbst. Der Weg führt mich in die Ferne, aber je mehr ich mich vom Vertrauten entferne, desto näher komme ich mir selbst. Die Hindernisse im Labyrinth können meinen Weg nur verzögern, aber nicht aufhalten. Jeder Schritt eröffnet ein neues Ziel. Was zuerst wie eine Grenze aussah, weicht vor meinem entschlossenen Schritt zurück und eröffnet mir neue Wege, bisweilen auch neue Horizonte. Jedem Neuanfang geht ein Ende voraus, jedes Ende ist ein neuer Anfang.

Erforschen Sie im labyrinthischen Reiter Ihren Wunsch nach innerem Aufbruch und stärken Sie das bei jedem Neubeginn wohltuende Gefühl, auf dem Weg getragen zu sein – wie ein Reiter von seinem Pferd.

Wo zieht es Sie im Labyrinth hin: zum Huf (der erste Schritt), zu den Nüstern oder den Ohren des Pferdes (Instinktsicherheit), zum Kopf des Reiters (Wille und Vorstellung) oder zum Becher in seiner Hand (Fülle und Frucht)? Geben Sie Ihrer Sehnsucht ein Ziel!

Labyrinthentwurf des Architekten Francesco Segala, Holzschnitt aus seinem Buch »Libro de laberinti«, Padua, Italien, 16. Jahrhundert ▶

Der Kranichtanz

Von großer Uferhöhe konnte ich auf eine Lagune hinabschauen und sah Kraniche tanzen. Ihr Verneigen und Stolzieren, ihr Flügelschlagen und Drehen, ihre schwärmerischen Kreisflüge, ihre Sprünge, die hoch in die Luft gehen, ohne dass sie die Schwingen dabei entfalten, ihre Verneigung vor den Kollegen, ihr Humor – das ganze Gemache bezaubert. Es tanzen auch beide Geschlechter. Der Kranichtanz ist Glück, Spiel, Körper-Lust, Anmut, Gelenkfreude, Selbstgenuss der Bewegung, Tanz eben.
Erhart Kästner

Seit der Antike gab es auf der griechischen Insel Delos einen »Geranos« genannten Reigen, den Theseus gestiftet haben soll. Bei diesem »Tanz der Kraniche« beschrieb eine Tänzerkette aus jungen Männern und Mädchen eine Labyrinthfigur auf den Tanzboden. Die Tänzer waren mit einem Seil, dem Ariadnefaden, verbunden, den alle mit einer Hand festhielten. Getanzt wurde nachts und im Schein von Fackeln. Berichtet wird auch, dass die Männer während des Tanzes sangen, die Mädchen aber schweigend tanzten. Der wichtigste Tänzer war der Chorführer am Anfang des Seiles. Er führte die Mittänzer ins Labyrinth hinein bzw. hinaus und musste dafür sorgen, dass die Kette sich nicht verwirrte. Falls der Vortänzer aus dem Schritt kam, büßte er erheblich an Ansehen bei seinen Mittänzern ein: Er hatte den »Faden verloren« und damit sich und die anderen aus der glücklichen Versunkenheit des Tanzes gerissen.
Wenn Sie auf dem Faden ins Labyrinth »tanzen«, tun Sie es mit der Klarheit eines Kriegers, der bei jedem Schritt genau weiß, was er tut, und mit der Leichtigkeit eines Kranichs, der sich im Tanz anmutig und heiter vor den anderen verneigt.
Im Winter kann man das Labyrinth bei Fackelschein in den Schnee treten.

In Felsen geritzter Ariadnefaden mit Kriegern und Kranich, Naquane bei Capo di Pinte, Val Camonica, Provinz Brescia, Italien, Eisenzeit, etwa 750–550 vor Christus ▶

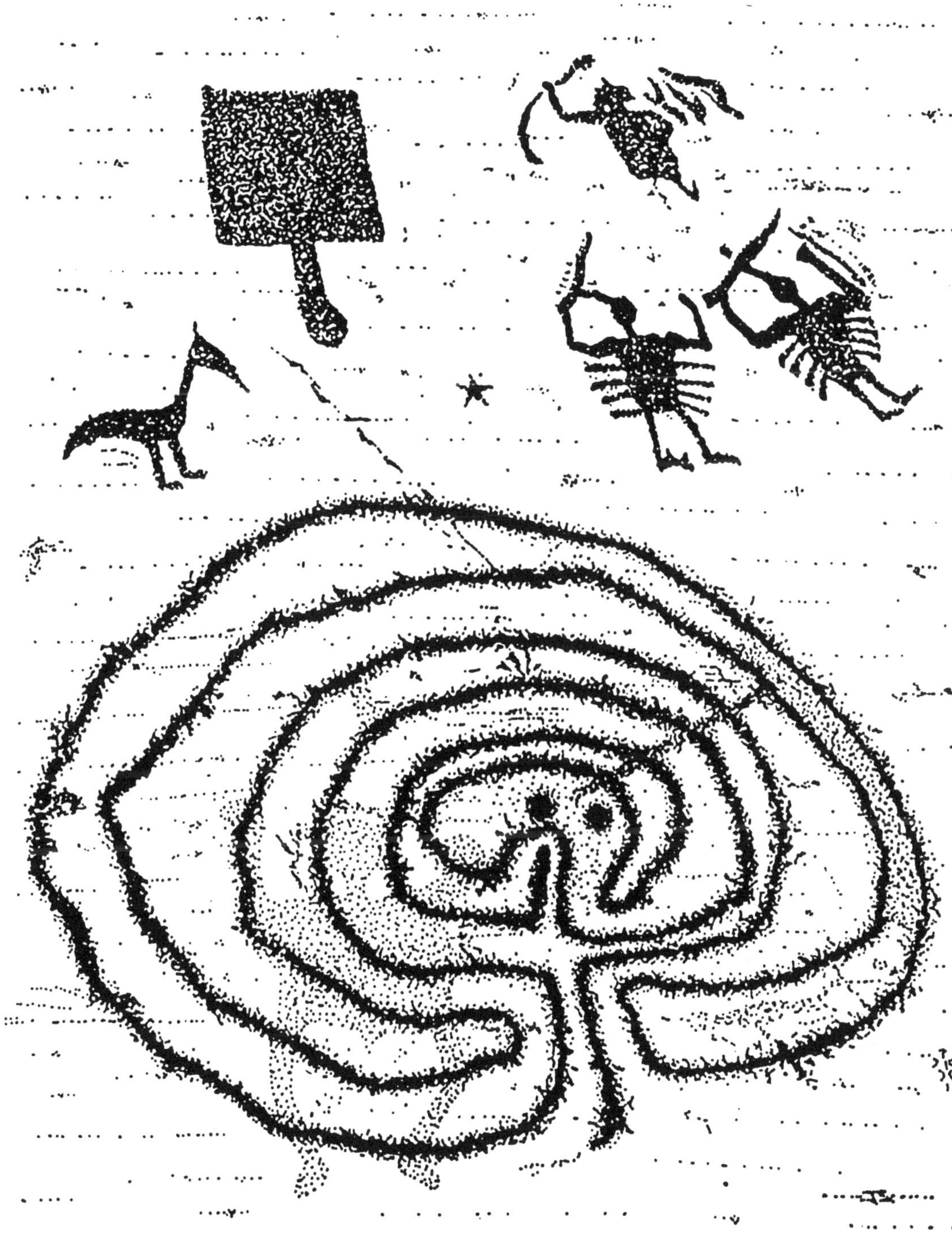

Veronicas Labyrinth

Dein tiefstes Wesen weiß den Weg.
Weh, wenn du plötzlich denkst,
ob du auch recht die Schritte lenkst ...

Franz Werfel

Die eleganten Linien von Veronicas Labyrinth schwingen in weichen, anmutigen Bögen um eine spiralförmige Mitte. So wirkt es sehr weiblich und harmonisch, ist aber komplizierter, als man auf den ersten Blick meinen könnte. Bei Kreuzungen muss man sich zwischen verschiedenen Möglichkeiten entscheiden und merkt spätestens jetzt, dass man in einen Irrgarten geraten ist. Man sollte besser nicht nach rechts abbiegen und nicht zurücklaufen.

Fahren Sie die Linien so lange mit einem Stift nach, bis Sie innerlich locker und weich sind. Versuchen Sie, aufmerksam und absichtslos zugleich unterwegs zu sein. Noch besser ist es, wenn man sich frei in den Raum stellt und sich mit dem ganzen Körper auf die Wege einschwingt. Lächeln Sie dabei!

Bauen Sie sich ein Mini-Labyrinth-Spiel für das Zimmer. Ein Tablett mit Quarzsand (gibt es auch farbig) oder feinem Aquarienkies füllen und das Muster mit einem Holzstäbchen einzeichnen. Zum Verwischen der Sandfläche eignet sich ein Kuchenpinsel. Kinder können zusätzlich kleine Figuren hineinstellen, die sich im Kinderzimmer finden lassen. Ansonsten: beim Modelleisenbahnzubehör nach passenden Figürchen suchen.

Feste Pfade aus roten Backsteinen auf grünem Rasen. Als Vorlage für das Motiv diente eine bestickte Bettdecke aus dem Herrenhaus von Parham Park. Entwurf von Adrian Fisher, Südengland, um 1985 ▶

Das Kreuz von Cirencester

Du brauchst einen Ort oder eine bestimmte Stunde, wenn nicht sogar einen Tag, an dem du nicht weißt, was am Morgen in der Zeitung stand, wer deine Freunde sind, was du irgendjemandem schuldig bist oder was irgendjemand dir schuldig ist. Dies ist ein Ort, an dem du schlicht erfahren und vorbringen kannst, was du bist und was du sein könntest. Es ist der Ort schöpferischer Entfaltung. Am Anfang mag es scheinen, als geschähe dort nichts. Aber wenn du einen heiligen Ort hast und von ihm Gebrauch machst, dann wird zur rechten Zeit das Richtige geschehen.

Joseph Campbell

Zu den wichtigen Erfahrungen auf dem Weg durchs Labyrinth gehört, dass wir uns dabei von unserer Gebundenheit an den Alltag lösen können und unsere Aufmerksamkeit sich nach innen richtet. Wir erinnern uns wieder, wer wir sind und welche Möglichkeiten noch in uns schlummern. So gleicht der Aufenthalt im Labyrinth einer schöpferischen Pause um unserer größeren Ziele willen. Aus einem Irrweg wird ein Erkenntnisprozess. Bloßes Agieren weicht einem Handeln im Einklang. Ein beliebiger Platz verwandelt sich in einen heiligen Ort.

Öffnen Sie sich nach allen Seiten für Neues, wenn Sie in der kreuzförmigen Mitte dieses Labyrinths stehen und machen Sie es zu Ihrem persönlichen Ort der schöpferischen Entfaltung.

Lassen Sie sich einmal ganz bewusst auf den Rhythmus des Labyrinths ein: Auf ein zweifaches Rechts-links folgt ein mehrfaches Abbiegen in die gleiche Richtung (nach rechts). Wie erleben Sie diesen Wechsel?

Monochromes römisches Bodenlabyrinth, grau auf weiß, Länge 7,62 m, mit ungewöhnlicher Kreuzform in der Mitte, die auf christlichen Einfluss hindeutet. Cirencester, England, 4. Jahrhundert ▶

Die Jungfrau

Schlinge, schlange, schlänge,
alle diese Gänge
laufen zur Prinzessin hin.
Wer sie findet, der gewinnt sie.
Wer nur gafft, hat's nicht geschafft.

Dänischer Kinderreim

Viele alte Labyrinthplätze in Skandinavien wurden im Volksmund »Jungferntanz« genannt. Alle nordischen Labyrinthe sind aus der Perspektive des Mannes zu lesen, der vor der Aufgabe steht, ins Labyrinth einzudringen und den schwierigen Weg zur Frau im Zentrum zu meistern. Bei diesem finnischen Fresko sieht man sogar das junge Mädchen, das mit erhobenen Armen im Zentrum steht und auf den jungen Eroberer wartet, der ihr »nachläuft« und sie aus ihrem »Gefängnis« befreit.
Der Überlieferung nach gab es unter der heiratsfähigen Jugend Tanzspiele, bei denen ein junger Mann durch einen geschickten Lauf durchs Labyrinth ein Mädchen erobern konnte. Im Zentrum musste er mit ihr tanzen und sie dann ohne Fehltritt nach draußen tragen. Begleitet wurde dieses Spiel durch Gesang und Klatschen der umstehenden Zuschauer, die den Läufer anfeuerten und glücksbringende Symbole neben die Wege legten.

Kinder können mit dem Bleistift durchs Labyrinth »zur Prinzessin rasen«. Wer dabei aber über die Linie fährt, muss ausscheiden!

An Neujahr kann man das Labyrinth mit kleinen Glücksbringern »füllen« und verschenken.

Wandzeichnung in der alten Kirche von Sippo, Nyland, nordöstlich von Helsinki, Finnland, 15. Jahrhundert ▶

Die Sonne

Ein Irrgarten benötigt keinen Minotaurus: Er ist sein eigener Minotaurus; mit anderen Worten: Der Versuch des Besuchers, den Weg zu finden, ist der Minotaurus.
Umberto Eco

Entdecken Sie weitere Anspielungen auf die griechische Mythologie: die gleißende Sonne, eine sitzende Jungfrau (Ariadne) und eine Doppelaxt (Griechisch: »Labrys«). Stellen Sie das Bild auf den Kopf: aus dem düsteren Haupt des Minotaurus wird das lachende Gesicht von Bacchus, Gott der Freude und des Weins, in den sich Ariadne später verliebte.
Das Ziel des Labyrinths ist der volle Becher des Bacchus: das halbrunde Wasserbecken oben in der Mitte. Es symbolisiert zugleich das Mittelmeer, in das gerade Ikarus stürzt. Dessen Vater Dädalus hatte einst das kretische Labyrinth für König Minos gebaut. Mit Vogelflügeln aus Federn und Wachs gelang beiden die Flucht von der Insel. Ikarus flog aber zu nahe zur Sonne, das Wachs schmolz und er stürzte ins Meer.
Das Besondere an diesem geschichtenreichen Labyrinth ist, dass man den Kopf des Minotaurus zwischendurch verlassen muß, um ans Ziel zu gelangen. Eine gute Übung für alle, die Probleme wälzen und sich nicht trauen, die Lösung außerhalb des bewußten Problemfeldes zu suchen!

Longleat House bei Warminster, Wiltshire, Südengland,
Entwurf Randoll Coate, um 1975 ▶

Der Weg der Eintracht

Dann umhüllte mich der Strahlenkranz der Sonne,
und mit der Hilfe eines schönen Wesens lief ich umher.
Jetzt bin ich langes Leben, jetzt Glück ...
Hinter mir erstreckt sich Segen bis zu den Bergen,
vor mir erstreckt sich Segen bis zu den Bergen,
unter mir erstreckt sich Segen auf die Erde,
über mir erstreckt sich Segen in den Himmel,
so gehe ich im Morgengrauen.
Hinter mir verbleibt Segen, wo ich gehe,
vor mir wartet Segen, wo ich gehe,
und so gehe ich, im Morgengrauen gehe ich.

Aus dem »Weg der Eintracht« der Navajo-Indianer

Die Gelassenheit der nordamerikanischen Indianer entspringt ihrem tiefen Glauben an die Heiligkeit der Schöpfung, in die alle eingebunden sind. Jeden Schritt vollziehen sie im bewussten Einklang mit dem »Großen Geist«, mit der Natur, mit anderen Geschöpfen und mit sich selbst. Wo immer sie sich hinwenden, eröffnet sich ihnen ein heiliger Raum. Ganz gleich, ob sie das in der Natur oder in Gedanken tun, der große Segen ist da und umfängt sie. Was immer ein Einzelner tut – er wird so nicht zum Störfaktor, sondern zum Segen für andere.

Das doppelte Labyrinth kann man mit Segen füllen, indem man links den persönlichen Bereich und rechts die Welt der Gemeinschaft in harmonischen Farbverläufen aufeinander abstimmt – besonders an der unteren Außenkante, wo die zwei »Welten« ineinander übergehen.

Satteldecke der Navajo-Indianer, gewoben aus schwarzer, weißer und brauner Wolle, Format 148x85cm, Flagstaff, Arizona, USA, um 1930 ▶

Das Falkenei

Für ein Ei mag es keine Kleinigkeit sein, sich in einen Vogel zu verwandeln, aber es wäre gewiss eine weit schwierigere Angelegenheit, fliegen zu lernen und dabei ein Ei zu bleiben. Im Moment gleichen wir dem Ei. Es geht aber wirklich nicht, dass wir auf die Dauer gewöhnliche, brave Eier bleiben. Entweder wir müssen ausschlüpfen oder wir werden verfaulen.

Clive Staples Lewis

Einer uralten Vorstellung vom Weltenei entsprechend, dem alles Leben entspringt, enthält dieses eiförmige Labyrinth in gedrängter Form den ganzen Garten Eden. In der Mitte erhebt sich der Paradiesbaum mit der Schlange. Daneben stehen, durch das Pünktchenmuster hervorgehoben, Adam (rechts) und Eva (links) und pflücken die verbotene Frucht. Über dem Baum der Erkenntnis von Gut und Böse leuchtet die Sonne, die zugleich der gelbe Eidotter im Falkenei ist.

Das Labyrinth hat zwei getrennte Eingänge: Der linke ist für die Männer gedacht und führt zur Begegnung mit Eva. Auf dem rechten Weg werden die Frauen erst zu Adams Rippe und dann zur Schlange geführt. Das gemeinsame Ziel der Suche ist die Eidotter-Sonne, in der neues Leben aufgeht.

Wenn Sie viel Phantasie haben oder Ihren schöpferischen Blick trainieren wollen: Im Labyrinth verstecken sich noch einige Tiere aus dem Paradiesgarten.

Bemalen Sie zur Osterzeit ein ausgeblasenes Gänseei mit einem Labyrinth.

Heckenlabyrinth, angelegt von Randoll Coate für die Baronin Louise von Falkenberg, Värmlands Säby, Schweden, 1979 ▶

Die Blumentugenden der Königin

Ich bildete ein Labyrinth,
doch dieses nicht aus Hopfen und Thymian,
sondern aus den Blumentugenden,
Grazien und Musen,
die Eure Majestät umschweben.

Loblied auf Elisabeth I. von England

Dieses reizvolle Labyrinth wurde 1560 für den Garten des langjährigen Premierministers von Elizabeth I., Lord Burleigh, entworfen. In der Mitte des Labyrinths gab es eine kleine Erhebung, den »Venusberg«. Als Elizabeth I. 1591 das Anwesen besuchte, ehrte man sie mit obigem Gedicht, das sie aus Gärtnermund hörte.

Malen Sie beim Weg durchs Labyrinth Ihre Lieblingsblumen auf den Weg und stellen Sie sich vor, wie der Duft von all diesen Blüten Ihre Sinne harmonisiert und Ihre schönste Tugend hervortreten lässt.

Ein Tipp für junge Mädchen und Frauen: Streuen Sie doch auch einmal ein Labyrinth aus Blütenblättern auf den Boden und laufen Sie graziös und würdevoll wie eine Königin über den duftenden Weg.

Für Männer: Gestalten Sie das Labyrinth als exquisiten Garten für die Königin Ihres Herzens. Schreiben Sie eine Liebeserklärung hinein, die die ganz persönlichen Vorzüge und liebenswerten Eigenschaften Ihrer Herzensdame umfasst, und verschenken Sie es zusammen mit einem feinen Parfüm oder einem duftenden Öl.

Heckenlabyrinth aus dem königlichen Garten von Theobalds, Hertfordshire, England, 16. Jahrhundert ▶

Das Haus des Tcuhu

Verehre die Kräfte, die du nicht siehst, die du nicht greifen kannst, die du nicht riechst. Verehre diese Kräfte, denn sie zeigen dir den richtigen Weg.

Xokonoschtletl vom Stamm der Azteken in Mexiko

Tcuhu war ein mythischer Held der Pima-Indianer, der in Gestalt eines Erdhörnchens sein Volk durch eine Spirale an die Erdoberfläche geführt haben soll. Von ihm wird berichtet, dass er sich im Labyrinth versteckte, wo seine Feinde, die nach ihm suchten, sich verirrten und elend zugrunde gingen.

Noch heute flechten die Pima Körbe und Scheiben aus verschiedenen Gräsern, auf denen sie Tcuhu am Eingang des Labyrinths zeigen. Es gab auch ein Labyrinth-Spiel, das »Tcuhuki« (Haus des Tcuhu) genannt wurde und von den Kindern der Pima gespielt wurde.

Malen Sie das Labyrinth mit Kreide auf die Straße. Ein Spieler, der Held Tcuhu, versucht, aus dem Haus zu laufen und sich vor einem Feind so schnell wie möglich in die sichere Mitte des Labyrinths zu retten. Tcuhu wirft drei Steine hinter sich, die sein Verfolger erst aufheben muss, bevor er ihm ins Labyrinth folgen darf. Mit den drei Steinen kann der Gegenspieler Tcuhu den Rückweg abschneiden, wenn er es schafft, sie an der ersten Kurve rechts unten im Labyrinth als »Sperre« abzulegen. Kommt Tcuhu vorher bis in die Mitte, hat er gewonnen. Wer auf die Linien tritt, scheidet aus.

Dieses einfache Labyrinth kann man leicht mit einem Stöckchen in den Sandkasten »malen«.

Wiedergabe einer Sandzeichnung der Pima-Indianer, Mexiko. Illustration in einem anonymen spanischen Manuskript, dem Rudo Ensayo (»Grober Versuch«), das vermutlich um 1762 von dem Missionar Juan Mentuig verfasst wurde ▶

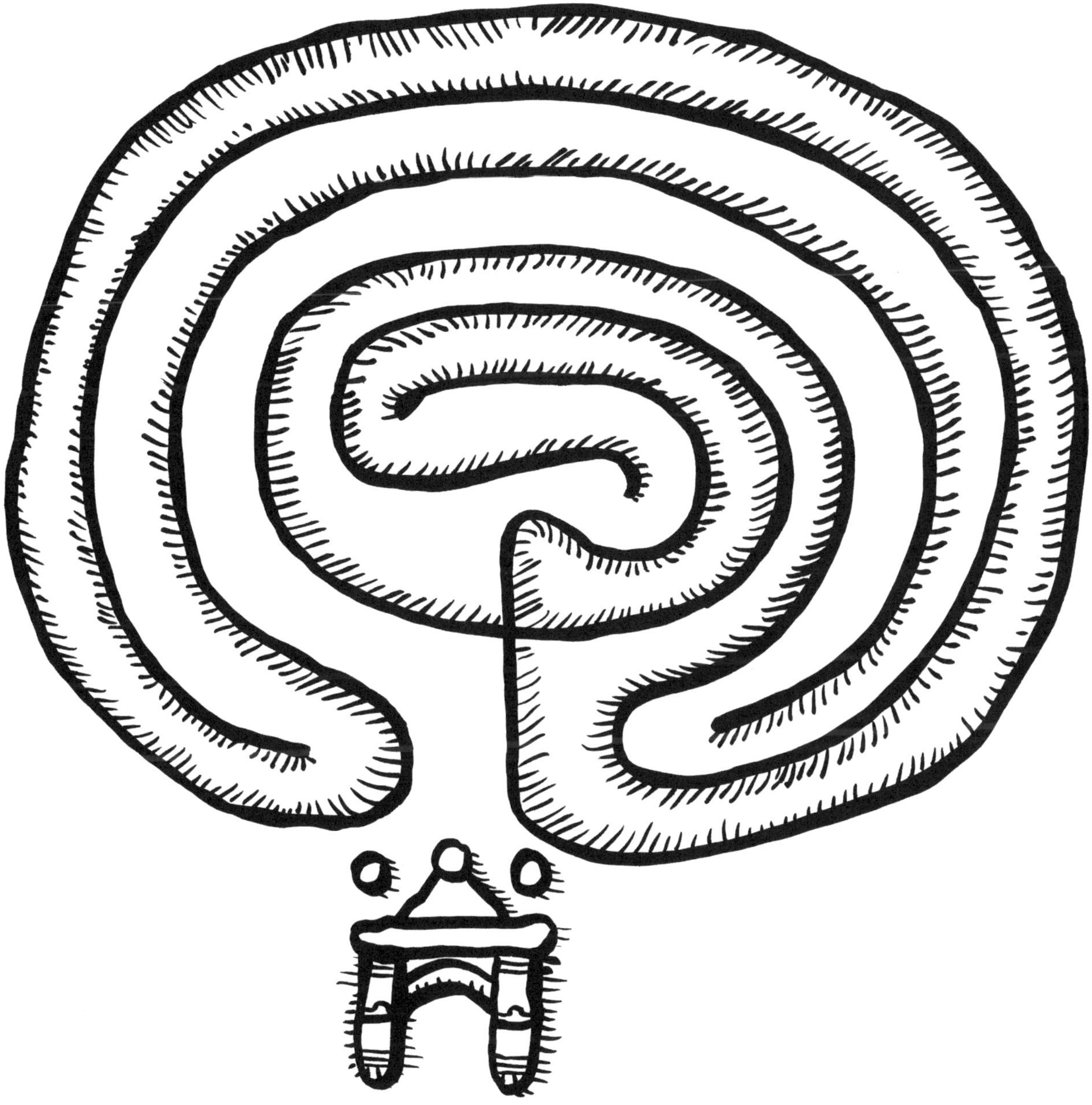

Die Stadttore

Deine Tore sollen stets offen stehen
und weder Tag noch Nacht zugeschlossen werden,
damit der Reichtum der Völker dir zufließen kann.
Innerhalb deiner Grenzen wird niemand mehr zu Schaden kommen.
Darum wird man dich die Stadt mit den Mauern des Heils
und den Toren voller Lob nennen.

Jesaja, Kapitel 60

Die Römer hatten eine Vorliebe für die Zahl Vier und legten ihre Städte deshalb quadratisch an. »Roma quadrata« (Rom) war durch zwei Achsen viergeteilt und hatte folglich vier »Quartiere«. Noch heute sprechen wir darum von Stadt-Vierteln. Die klassische antike Stadt hatte in ihren Mauern vier Tore, eines für jede Himmelsrichtung. Die Zahl Vier steht für Stabilität und Vollständigkeit. So verkörpert die Festungsstadt mit den vier Sektoren das Ideal einer Feudalstadt, die stark und uneinnehmbar ist. Eine solche Stadt symbolisiert auch die Ganzheit des Individuums.

Mit diesem Labyrinth fördern Sie Ihre innere Ausgewogenheit und Ganzheit. Wer sich mit den eigenen inneren Gegensätzen versöhnt hat, ist sich seiner selbst sicher und kann mit seiner offenen Art andere bereichern.

Beginnen Sie Ihren Weg am Nordtor. Wenn Sie beim Osttor angelangt sind, denken Sie an liebe Menschen, die östlich von Ihnen wohnen. Nehmen Sie sie mit auf die Reise und holen Sie auch am Süd- und Westtor Freunde ab. Ziehen Sie mit allen Ihnen vertrauten Menschen in die Mitte und feiern Sie die Vollständigkeit.

Römisches Mosaik, Orbe, Schweiz, um 200 n. Chr.

Der Eingang war ursprünglich nicht angegeben; er wurde von uns ins Nordtor gelegt ▶

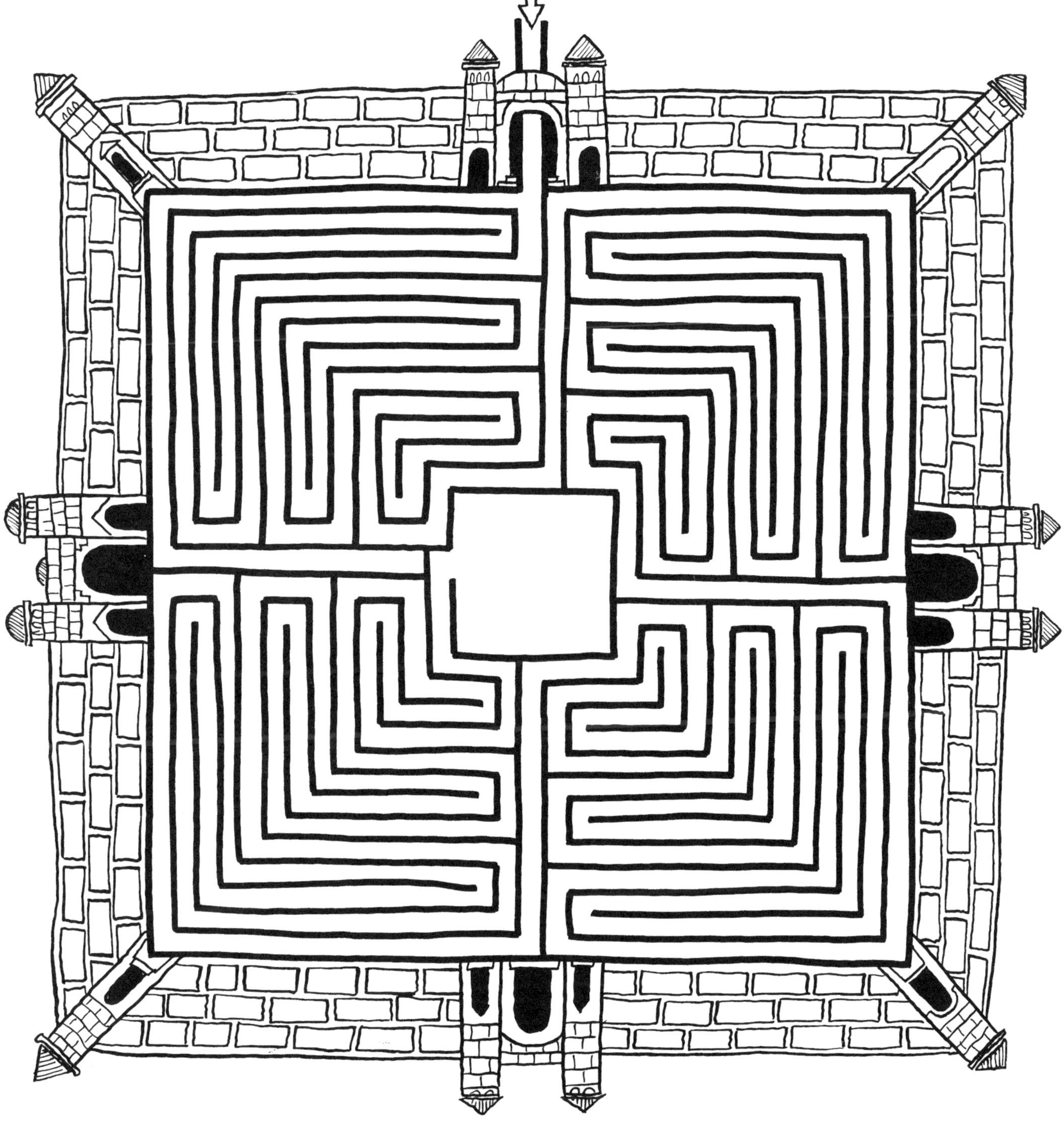

Der Hund

Wer irrgegangen ist, der kann anderen desto besser den Weg zeigen.
Christoph Lehmann

Hunde finden den Weg oder eine Spur mit Hilfe ihres hervorragenden Geruchssinnes. Ein Hund hat etwa zehnmal so viele Riechsinneszellen in der Nase wie ein Mensch. Damit kann er nicht nur wesentlich besser riechen als wir, sondern auch viel differenzierter. Zum Beispiel kann er genau wahrnehmen, welche Duftanteile im Geruch einer Fußspur sich bereits verflüchtigt haben, und somit eine Riechspur auch zeitlich deuten. Hat er eine Fährte aufgenommen, so weiß er nach wenigen Metern, ob er eine alte oder eine frische Spur verfolgt, ob er also in die richtige Richtung geht oder ob er umkehren und in der anderen Richtung weitersuchen muss.

Im Labyrinth des Hundes gibt es mehr als nur eine »richtige Fährte«, die zum Ziel führt. Wer bei der Zielsuche die Nase vorn haben will, kann sich von den klugen Hunden abschauen, wie man mit Irrtümern umgeht: Man gibt einfach die falsche Meinung auf und kehrt um!

Verschenken Sie den »Spürhund« zusammen mit einem Krimi oder einer Detektivgeschichte.

Der Jagdhund, Holzschnitt aus dem Buch »Libro de laberinti« des Architekten Francesco Segala, Padua, Italien, 16. Jahrhundert ▶

Das Siegel der Verschwiegenheit

Auf dem rosafarbenen Gewand soll der Kaiser ein kunstreich gefügtes Labyrinth aus Gold und Perlen tragen; in ihm soll der Minotaurus sein, aus Smaragd und mit einem Finger am Mund: Sowenig man das Labyrinth erforschen kann, sowenig darf man die Absichten des Herrschers in die Öffentlichkeit bringen.

Bericht über einen Rombesuch des byzantinischen Kaisers Constans II. im Jahr 663

So verborgen wie der Minotaurus im Labyrinth und so schwer zu durchschauen wie seine Gänge, so sollten die Absichten eines Feldherrn sein. Oberstes Motto: non vulganda consilia (Pläne darf man nicht verraten). Neben Adler, Wolf, Pferd und Eber gab es bei den Römern auch den Minotaurus als Feldzeichen. Noch im 16. Jahrhundert malte man italienische Feldherren-Porträts mit einem Labyrinth auf der Brust. Es lag als Siegel der Verschwiegenheit über dem Herzen, dem Sitz der Pläne.

Verschwiegenheit ist in unserer extrovertierten und geschwätzigen Zeit eine seltene Gabe geworden, die man in diesem Labyrinth auffrischen kann: anderen zuhören und sie ausreden lassen; Privates vertraulich behandeln und in einer Sache schweigen, über die alles klatscht; auf billige Rache, Spott oder Kritik verzichten. Das sind freundliche Wege der Verschwiegenheit, die man mit der Disziplin eines Feldherrn einschlagen kann.

Lassen Sie im Copyshop ein T-Shirt mit diesem »Siegel der Verschwiegenheit« bedrucken – oder mit einem anderen Labyrinthmotiv Ihrer Wahl.

Banner mit Labyrinth, Illustration auf Pergament aus dem Militär-Handbuch »De re militari« des Robertus Valturius, Italien, 15. Jahrhundert ▶

Der Schlüssel

Wenn nicht mehr Zahlen und Figuren
sind Schlüssel aller Kreaturen,
wenn die, so singen oder küssen,
mehr als die Tiefgelehrten wissen,
wenn sich die Welt ins freie Leben
und in die Welt wird zurückbegeben,
wenn dann sich wieder Licht und Schatten
zu echter Klarheit wieder gatten
und man in Märchen und Gedichten
erkennt die wahren Weltgeschichten,
dann fliegt von einem geheimen Wort
das ganze verkehrte Wesen fort.

Novalis

In Château de Belœil, dem vielleicht prächtigsten Schloss Belgiens, findet man ein Heckenlabyrinth, das von oben betrachtet einem Schlüssel mit Bart ähnelt. Belœil bedeutet »schönes Auge«, »schöner Blick« oder auch »Überblick«. Und den brauchen Sie, wenn Sie dieses Labyrinth ganz durchschauen wollen.

Folgende Motive sind darin versteckt: die kretische Doppelaxt; die mit fünf Juwelen besetzte Krone des Prinzen Antoine de Ligne; ein mit Haube versehener Jagdfalke und ein Karpfen, wie es ihn im großen Wassergraben von Château de Belœil gegeben hat. Ordnen Sie jedem Symbol einen Bereich Ihres Lebens zu.

Was ist das heimliche Schlüsselthema Ihres Lebens?

Heckenlabyrinth von Château de Belœil, Belgien. Größe ca. 36 x 58 m,
Entwurf von Randoll Coate, 1977 ▶

Die Mauern von Jericho

Das gilt, wenn man im Leben ein Ziel verfolgt: Der gute oder schlechte Ausgang hängt vom Weg ab, den wir einschlagen, um es zu erreichen, und von der Art, wie wir diesen Weg gehen … Sie besteht darin, aus dem, was wir gewohnt sind, tagtäglich die Geheimnisse zu schöpfen, die uns die Routine zu sehen hindert.

Paulo Coelho

Die legendäre Eroberung der Stadt Jericho gelang ohne Gewalt. Nachdem die israelitischen Truppen sechs Tage lang die Stadt still umkreisten, beim siebten Umgang aber zum Klang von sieben Posaunen ihr Kriegsgeschrei ertönen ließen, stürzten die Mauern plötzlich ein. Hinter dieser seltsamen gewaltfreien Eroberung verbirgt sich magisches Denken in Form eines Abwehrritus, der von den Israeliten gebrochen werden konnte. Jerichos Mauer war von seinen Bewohnern mit sieben rituellen Umgängen unüberwindlich gemacht worden. Die Israeliten hoben durch 7 mal 7 Umgänge den magischen Schutz der Stadt auf. Jericho wurde völlig vernichtet, nur die freundliche Hure Rahab mit ihrer Familie blieb verschont, weil sie zuvor zwei israelitischen Spähern geholfen und sie mit einem roten Seil an der Stadtmauer hinuntergelassen hatte.

In dieser jüdischen Buchillustration auf Pergament sieht man sieben (unhistorische) Stadtmauern und ein Tor, von dem es im Text heißt, es sei »das Stadttor, das bis zur Mitte geht«. Womit schützen Sie Ihre Mitte?

Ein Ariadnefaden markiert den Weg, der »Große Straße« genannt wird. Er kann auch als das rote Seil der Rahab verstanden werden. Malen Sie es rot an! Welchem (inneren?) Feind würden Sie es zuwerfen?

Miniatur aus der Farhi-Bibel, einem hebräischen Alten Testament, geschrieben von Elisha Crescas zwischen 1366 und 1382 in Spanien oder in der Provence ▶

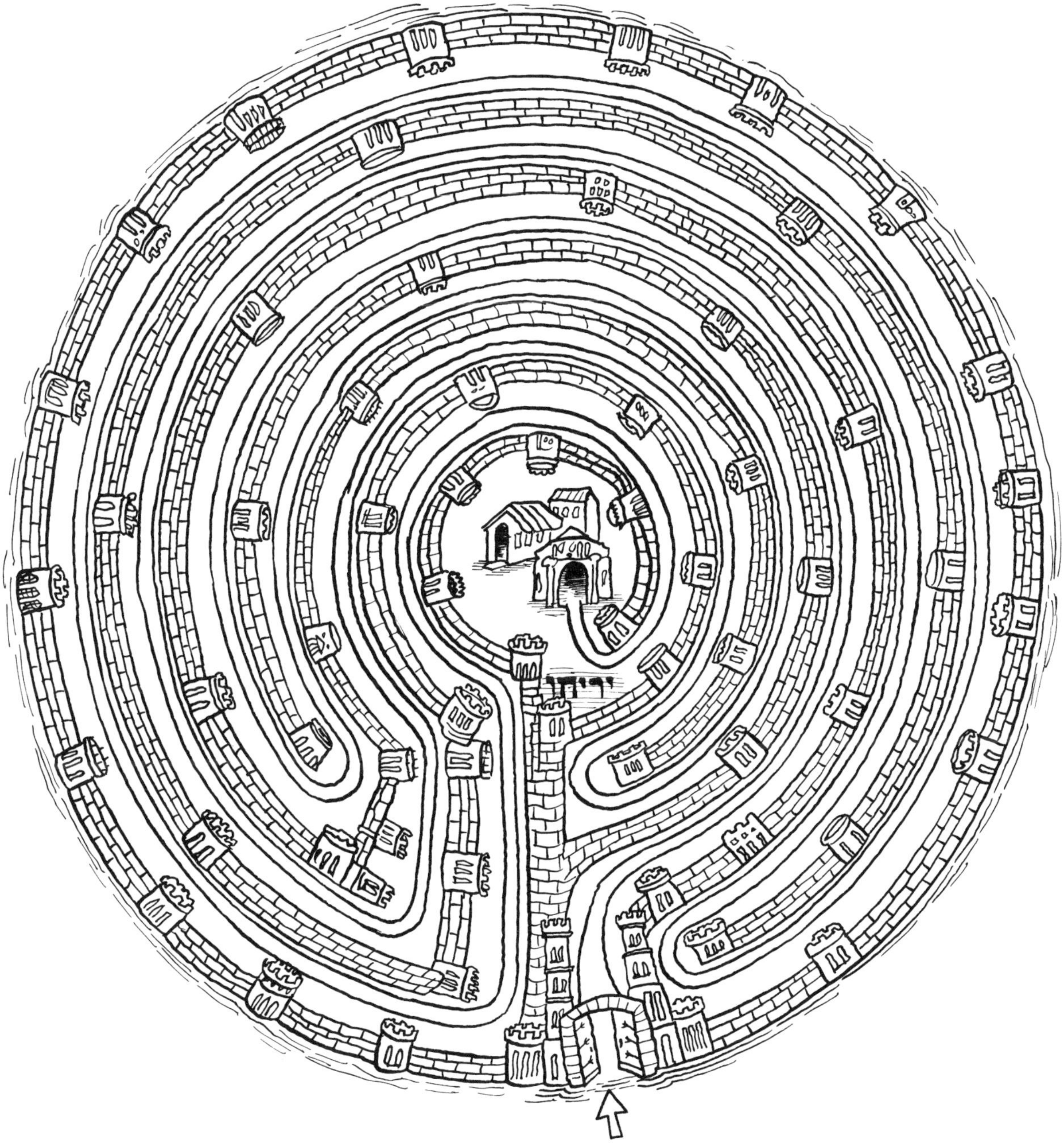

יריחו

Im Kräuterlabyrinth

Die Kräuter bieten einander den Duft ihrer Blüten; ein Stein strahlt seinen Glanz auf die anderen, und jegliche Natur hat einen Urtrieb nach liebender Umarmung.
Hildegard von Bingen

Dieses Labyrinth wurde auf einer angelsächsischen Kräuterfarm angelegt. An seinen vier Ecken sieht man die Köpfe von vier mythologischen Geschöpfen des Meeres, in Anlehnung an eine Buchillustration aus dem 8. Jahrhundert. Die Augenfelder und die zentrale Rosette wurden mit aromatisch duftenden Kräutern bepflanzt. Die Viererstruktur des Labyrinths bezieht sich auf die vier wichtigsten Anwendungsmöglichkeiten von Kräutern: Würzmittel, Heilmittel, Duftessenz und Dekoration.
»Pflanzen« Sie beim Ausmalen statt der ursprünglichen Buchenhecken doch Ihre Lieblingskräuter und Heilpflanzen als Wegbegrenzung oder gestalten Sie verschieden farbige Gartenbereiche, etwa ein violettes Lavendelfeld, ein gelboranges Beet mit Ringelblumen usw.
Man kann das Labyrinth auch mit Klebstoff auf einen Karton »malen« und mit getrockneten Kräutern bestreuen oder als Stickvorlage für die Hülle eines Kissens nehmen, das mit aromatischen Kräutern gefüllt wird.

Buchenheckenlabyrinth, Entwurf von Adrian Fisher, England, um 1980 ▶

Der Narr

Das sind die Weisen,
die durch Irrtum zur Wahrheit reisen.
Die bei dem Irrtum verharren,
das sind die Narren.
Friedrich Rückert

Der Narr verkörpert Unbekümmertheit und Absichtslosigkeit. Wo immer er auftaucht, wird es etwas ver-rückt: Grenzen werden nicht beachtet oder einfach überschritten, gewohnte Pfade und Denkweisen überschritten. Der Narr schert aus, irrt scheinbar ziellos umher, findet aber gerade auf Grund seiner absichtslosen und unangepassten Bewegung zu neuen, erfrischenden Erfahrungen und Einsichten. Der Narr ist auch ein Weiser, der uns einlädt, über das Leben zu staunen und es zu feiern. Irrwege und Umwege belasten den Narren nicht, er trägt in sich den Impuls, immer wieder von neuem anzufangen, auch wenn er immer wieder vor dem Nichts steht.

Im Narrenlabyrinth kann man seine lebenslustige, unbekümmerte Seite und die positive Energie des Chaotischen wieder entdecken. Gönnen Sie sich ein Stück Narrenfreiheit!

Vier Ziele gibt es in diesem Irrgarten zu erreichen: den erhobenen Fuß (des tanzenden Narren), die Lampe (der Erleuchtung, die der Narr bringt), die Kappe (unter der die Weisheit des Narren verborgen ist) und den Zeigefinger (der vielleicht in eine überraschend neue Richtung zeigt).

Welche Fehlentscheidungen, Misserfolge, Irrtümer oder Umwege in Ihrem Leben haben sich später als »höhere Weisheit« entpuppt?

Dieses Labyrinth passt gut zur »närrischen Zeit« im Januar und Februar.

Figur des Architekten Francesco Segala, Holzschnitt aus seinem Buch »Libro de laberinti«, Padua, Italien, 16. Jahrhundert ▶

Der Turm

Meine Freude, mein Kummer,
meine Hoffnung, meine Liebe
bewegen sich ausnahmslos
in diesem Kreis.
Edmund Waller

Hier führt der Weg über die ersten beiden Sektoren zu einem starken Turm mit einem großen Tor. Der Turm steht für Sicherheit und Selbstbewusstsein und ist ein positives Symbol für die erste Lebenshälfte. Man kann sich aber auch in seinem »Lebensturm« verschanzen und darin verhärten. Dann bezeichnet der Turm einen Menschen, der innerlich erstarrt und verkrustet ist, weil er nur auf sichere Strukturen setzt und alles unter Kontrolle haben will. Wer in einer solchen Bastion sitzt, verschließt sich in der zweiten Lebenshälfte vor weiterem Wachstum und isoliert sich vor anderen, oft aus Angst, verletzt zu werden. Obwohl man dann ein selbst gewähltes Gefängnis bewohnt, verhindert das Streben nach materieller wie emotionaler Sicherheit die Bereitschaft, das persönliche Bollwerk niederzureißen und einem Neubeginn zuzustimmen.
Überprüfen Sie beim Gang durch die vier Felder Freude, Kummer, Hoffnung und Liebe, ob Ihr Turm Ihnen Sicherheit und Geborgenheit vermittelt oder ob es darum geht, seine Mauern ein Stück weit abzureißen, um Ihnen den Durchbruch zu neuen Lebensräumen zu ermöglichen.

Labyrinthentwurf des Hofmedicus D. Loris von Mömpelgard (Montbéliard), aus seinem Buch »Le Thresor Des Parterres De L'Univers ...«, erschienen in Genf, 1579 ▶

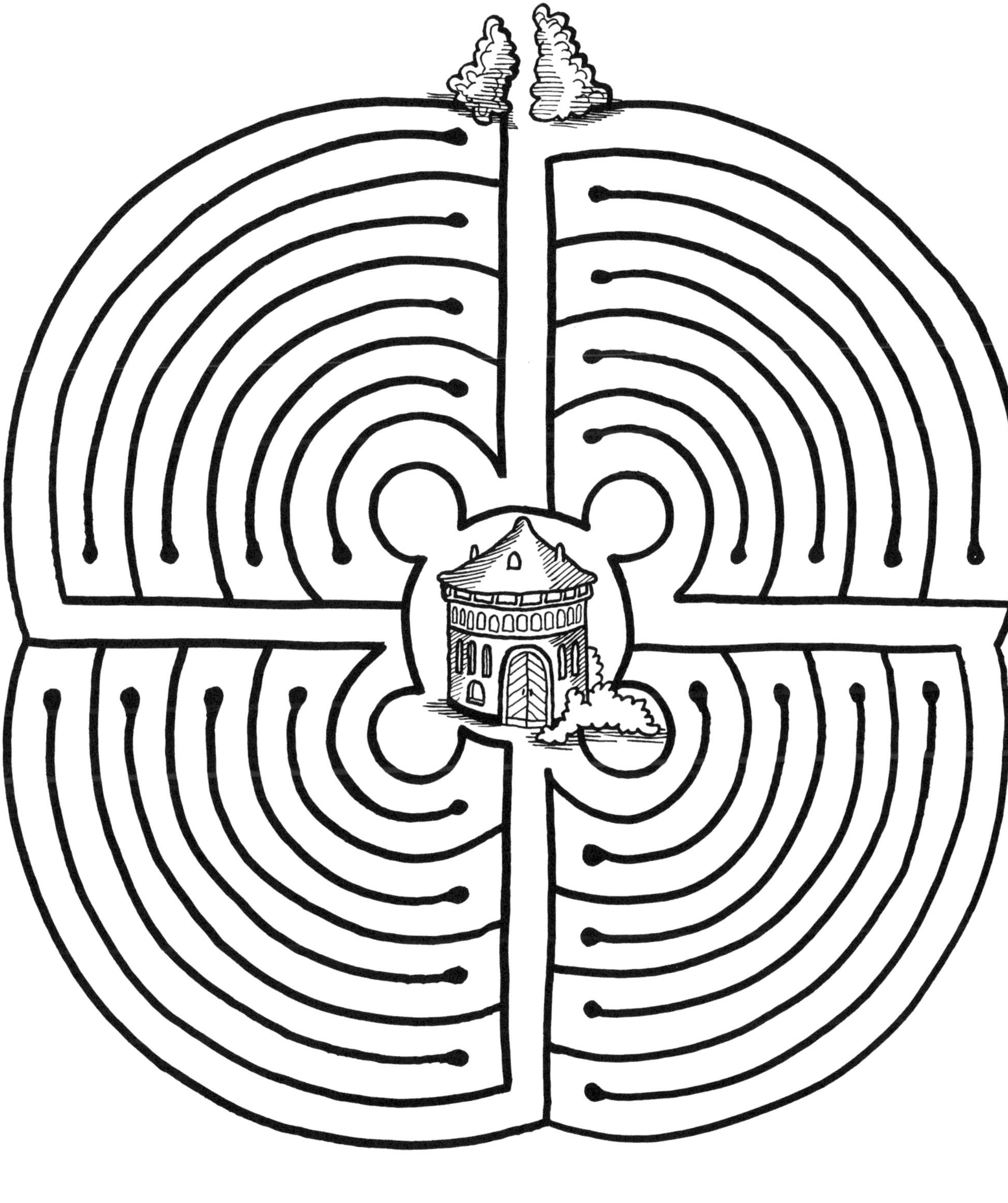

Das Labyrinth der Gottesliebe

Hoffnung als die Tugend des Pilgers vereint Stille mit Bewegung. Es ist wahr, unser erwartungsvolles Verlangen setzt uns in Bewegung. Auf einer Pilgerfahrt ist jeder Schritt das Ziel, denn das Ende geht dem Anfang voraus.

David Steindl-Rast

Zur Zeit der Kreuzzüge entstanden in Nordfrankreich einige wunderschöne Kirchenlabyrinthe. Man nannte sie auch »Chemin de Jérusalem« (Weg nach Jerusalem). Möglicherweise wurden sie für all jene gebaut, die nicht selbst eine Fahrt ins Heilige Land antreten konnten. Die Erfahrung einer Pilgerreise wird im Kirchenlabyrinth symbolisch bewahrt und kann noch heute beim achtsamen Begehen wieder belebt werden.

Beim Weg ins Labyrinth hinein kann man Gott sagen, wonach das eigene Herz verlangt und welche Hoffnungen es hat. Beim Weg hinaus lauscht das Herz dann darauf, was die Sehnsucht und die Hoffnung Gottes ist. Führen Sie diesen Dialog in der Stille und machen Sie sich auf Überraschungen gefasst.

Achteckiges Bodenlabyrinth aus weißen und blauschwarzen Steinen,
Kathedrale von Amiens, Frankreich, 1288 ▶

Die Erlösung

Niemand kann zu Gott aufsteigen, der nicht zuerst in die eigene Innerlichkeit hinabgestiegen ist.
Francisco de Osuna

In Form einer fünfblättrigen Rose, dem Wahrzeichen des ersten englischen Märtyrers St. Alban, wurde dieses moderne christliche Labyrinth gezeichnet. Man läuft *auf* der Linie und besucht 15 Glaubensstationen auf dem Pilger- und Bußweg. Jeweils fünf wurden zu einer Gruppe zusammengefasst:
Zuerst trifft man auf die freudenreichen Mysterien (1. Mariä Verkündigung, 2. ihr Besuch bei Elisabeth, 3. die Geburt Jesu, 4. die Darstellung im Tempel, 5. der 12-jährige Jesus im Tempel).
Dann folgen die schmerzenreichen Mysterien (6. Jesus am Ölberg, 7. Geißelung, 8. Dornenkrönung, 9. Kreuztragung, 10. Kreuzigung).
Schließlich erfährt man die glorreichen Mysterien (11. Auferstehung, 12. Himmelfahrt, 13. Ausgießung des Geistes, 14. Mariä Himmelfahrt, 15. Krönung). Am Ende der neun Umgänge erreicht man die »Erlösung« in der Mitte.
Die Frage, mit der Sie achtsam durch das Labyrinth gehen können, lautet: Was möchte sich in mir oder von mir lösen? Bin ich bereit, selbst loszulassen, oder erwarte ich, dass die Lösung von außen auf mich zukommt?
Dieser Meditationsweg wurde – gegenüber den klassischen Kreuzwegen – um die fünf Stationen der Freude erweitert. Nehmen Sie einen persönlichen Kummer mit auf den Leidensweg und führen Sie ihn weiter bis zu den letzten fünf Geheimnissen. Vertrauen Sie diesen Stationen Ihren Schmerz an und achten Sie darauf, ob sich dadurch etwas in Ihrem inneren Bild verändert.

Labyrinthplan von Adrian Fisher (nicht ausgeführter Entwurf für Saint Alban's Cathedral und Abbey, Hartfordshire), England, 1979 ▶

1
2
3
4
5
6
7
8
9
10
11
12
13
14
15

Das Labyrinth des Schreibmeisters

Unergründlich wie die Wahrheit, die sie beherbergt,
trügerisch wie die Lügen, die sie hütet,
ist die Bibliothek ein geistiges Labyrinth
und zugleich ein irdisches.
Kämet ihr hinein, ihr kämet nicht wieder heraus.

Umberto Eco

Die Wege der Schriftlabyrinthe bestehen aus Texten, die in Spiralen oder Mäandern zum Ziel laufen. Die vielen Windungen nötigen die Leser, das Blatt immer wieder zu drehen. Jeder Richtungswechsel erinnert an die »Mühseligkeiten, welchen der Mensch in seinem Leben unterworfen ist«. Die Erlösung aus dieser Mühsal liegt im Text selbst, der eine heilsame und buchstäblich erlesene Botschaft transportiert.

Dieser Text wurde von Johann Neudörffer gestaltet, der auch die Schriftbänder auf Albrecht Dürers Apostelbildern geschrieben hat. Er umfasst das erste Kapitel des Hebräerbriefes im Neuen Testament und beginnt in der Mitte der Spirale: »Nach dem vor Zeitten Got mannchmal und mancherley weiss gered hat ...« Der Text endet im linken unteren Feld mit den Worten »Setz dich zu meiner rechten, bis ich lege deine feind zum Schemel deiner fues – sind sy nit alle dienstbare geister?« Nehmen Sie die Bibel zur Hilfe, dann entziffert sich der Text leichter.

Legen Sie ein Stück Pergamentpapier über das Schriftlabyrinth und versuchen Sie, einen für Sie wichtigen spirituellen Text entsprechend zu gestalten.

Man kann auch Geburtstagsgrüße oder Glückwunschkarten so gestalten. Schreiben Sie einfach drauflos!

Radierung auf Kupferplatte aus dem Schreibmeisterbuch von Johann Neudörffer d. Ä., Nürnberg, datiert 1539 ▶

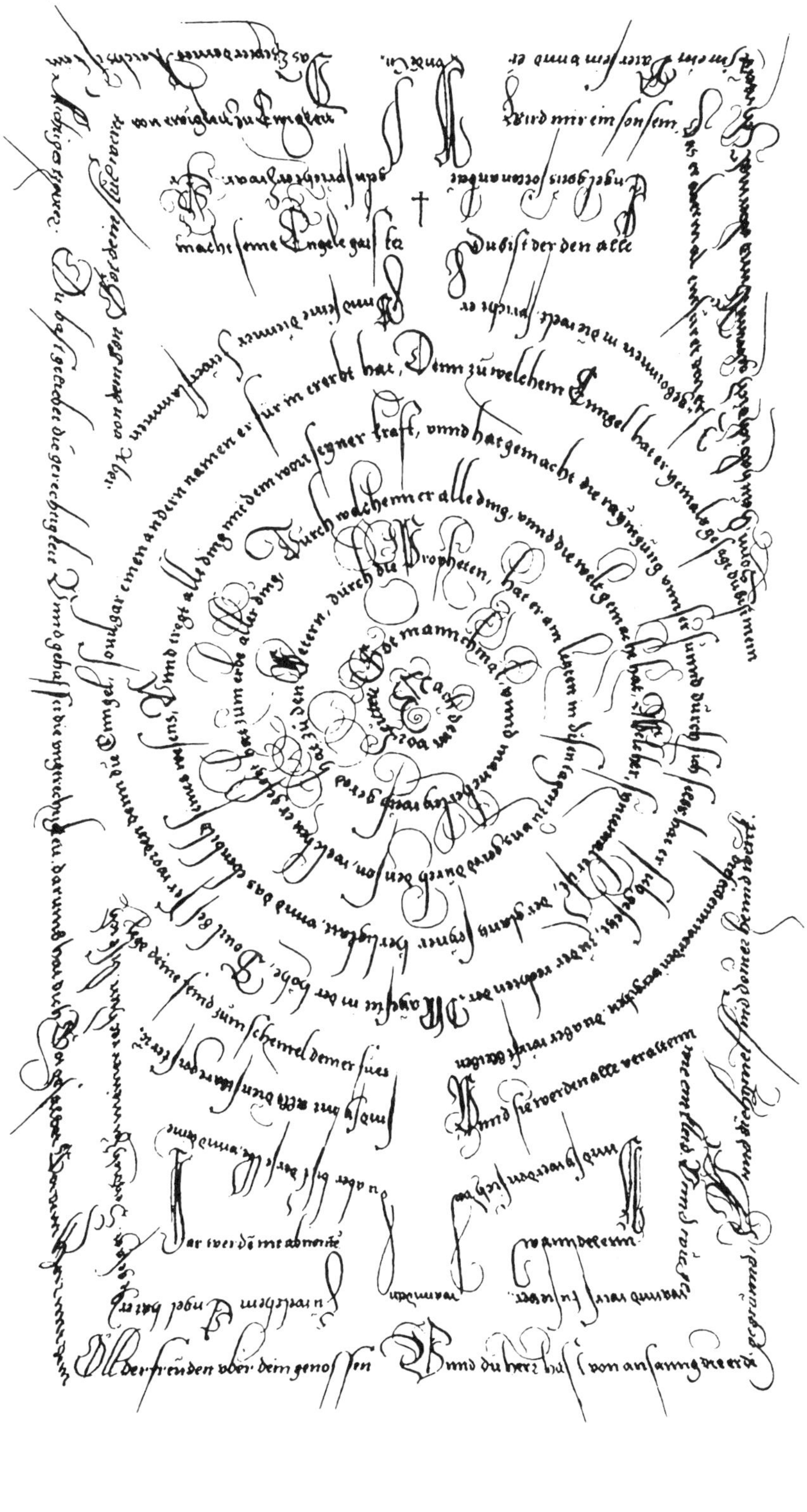

machi seine Engele geiste
Dubist der den alle
Denn zu welchem Engel hat er yemals gesagt du bist mein
durch die Propheten
Vnnd sie werden alle veralten
Vnnd du herr hast von anfang die erd

Die Lokomotive

Alle Reisen haben eine heimliche Bestimmung,
die der Reisende nicht ahnt.
Martin Buber

In Erinnerung an die alte Eisenbahnlinie, die durch das Land der Amish People in Pennsylvania führte, wurde dieses riesige Maislabyrinth gebaut. Die Besucher konnten mit einer historischen Dampflok, die kurz vor dem Labyrinth hielt, »an- und abreisen«. Während man das Maisfeld durchwanderte, hörte man immer wieder das Pfeifen der alten Lok und wurde manchmal auch in Dampfwolken gehüllt, die der Wind über das Feld trieb. Wie bei vielen amerikanischen Maisfeldlabyrinthen gab es auch hier einen »Labyrinthmeister«, der von einem hohen Turm aus den Besuchern mit guten Tipps weiterhalf – oder sie bisweilen auch absichtlich in die Irre leitete.
Im Dampflok-Irrgarten können Sie darüber nachdenken, was wohl die heimliche Bestimmung der Reise war, die Sie zuletzt gemacht haben.
Ein Tipp: Die Brücke am linken Rand ermöglicht nach der langen »Bahnreise« einen schnellen Ausgang.

12 000 qm großes Maislabyrinth, Entwurf von Adrian Fisher,
Paradise Valley, Pennsylvania, USA, 1995 ▶

Der Wirbel

Die Kreise des Wahren berühren sich unmittelbar; aber in den Zwischenwelten hat der Irrtum Raum genug, sich zu ergehen und zu walten.

Johann Wolfgang von Goethe

Nie realisiert wurde dieser Entwurf für ein Gartenlabyrinth, das bei aller Dynamik harmonisch ausgewogen ist. Im Zentrum des kreiselförmigen Irrgartens verströmt eine hohe Fontäne »lebendiges Wasser«. Acht verschiedene Wege laufen von der Mitte weg und verlieren sich im Gewirr der Kurven. Die Schönheit dieses Irrgartens basiert auf widersprüchlichen Elementen: Quadrat und Kreis, linke und rechte Drehung, Regelmäßigkeit und Abweichung, Irrtum und Wahrheit.

Formen Sie aus einem DIN-A4-Papier eine leicht konische Röhre. Wenn Sie das Labyrinth durch dieses »Sehrohr« betrachten, erleben Sie recht gut, welchen Schwierigkeitsgrad das echte Heckenlabyrinth hat und wie schwer es ist, sich darin zu orientieren. Besonders knifflig: Wieder am Brunnen angelangt, ist es sehr schwer zu wissen, welchen der acht Eingänge Sie bereits benutzt haben.

Hier können Sie versuchen, Ihre Irrtümer als wichtige Wegerfahrungen zu betrachten: Draußen bei den vier wolkenähnlichen Plätzen in den Ecken haben Sie Raum dafür. Von dort aus können Sie das Wasserbecken in der Mitte aufsuchen und sich am »Wasser der Wahrheit« erfreuen.

Entwurf für ein Gartenlabyrinth von P. J. Galimard, Kupferstich aus seinem Buch »Architecture des Jardins«, Paris, Frankreich, um 1775 ▶

Der Pfad der Schönheit

Möge ich wandern mit Schönheit vor mir,
möge ich wandern mit Schönheit hinter mir,
möge ich wandern mit Schönheit über mir,
möge ich wandern mit Schönheit überall um mich herum.
Im hohen Alter, wenn ich auf einem Pfad der Schönheit schreite –
möge ich mit Kraft wandern.
Im hohen Alter, wenn ich auf einem Pfad der Schönheit schreite –
möge ich mit neuer Lebenskraft wandern.
Es ist vollbracht in Schönheit.

Gebet der Navajo-Indianer

Jeder Mensch hat einen Sinn für Schönheit. Auch wenn unser Geschmack sehr verschieden sein mag – unser Herz ist bereit, sich unmittelbar von etwas berühren zu lassen, das wir als schön empfinden. Diese Gabe hängt mit dem Geheimnis der Schönheit zusammen, die im Wesen aller Dinge wohnt und sich uns zeigen will. Das Gebet der Navajo-Indianer ehrt dieses Geheimnis der Schönheit. Wer diesen heiligen Text spricht, fängt an, auf dem »Pfad der Schönheit« zu wandern. Er darf darauf vertrauen, dass ihm das Schöne auch im Labyrinth des Lebens mit all seinen Schwierigkeiten begegnet.

Lassen Sie sich beim Silberschmied ein Labyrinth in einen Ring oder eine Brosche schlagen. Oder verzieren Sie selbst einen Anhänger aus Holz oder Stein mit diesem Labyrinthmotiv, um sich leichter an den »Pfad der Schönheit« erinnern zu können.

Einfache Labyrinthe wie diese kann man mit Permanentstiften in Gold oder Silber auf transparente Glaskugeln oder farbige Christbaumkugeln malen.

Anhänger mit »Mann im Labyrinth«, Silberschmuck aus Arizona, USA, 20. Jahrhundert ▶

Das Schiff von Segala

Ein Schiff, das im Hafen liegt, ist sicher.
Aber dafür werden Schiffe nicht gebaut.
Englisches Sprichwort

Das Schiff ist ein altes Symbol für die Persönlichkeit des Menschen. Mit seinem »Lebensschiff« fährt er über das »große Wasser Leben« und wird von Glück und Unglück begleitet, muss unbekannte Gefahren meistern und darf dabei sein letztes Ziel, die Rückkehr in den »Heimathafen«, nicht vergessen. Wer die Mühen des Weges scheut und einfach im sicheren Hafen liegen bleibt, versäumt aber das Wesentliche, die Reise zu sich selbst.

Stellen Sie sich als Kapitän in Ihr Schiffslabyrinth und bestimmen Sie ganz bewusst den Kurs. Wohin wollen Sie Ihr Lebensschiff steuern?

Falls Sie ein sehr vorsichtiger Mensch sind und das Risiko scheuen, können Sie darüber meditieren, ob und warum Sie schon einmal einer inneren oder äußeren Berufung ausgewichen sind. Was haben Sie stattdessen erlebt? Und was sagt Ihnen C. G. Jungs Satz: »Man findet seine Bestimmung auf dem Weg, den man einschlägt, um ihr zu entgehen?«

Labyrinthzeichnung des Architekten Francesco Segala, Holzschnitt aus seinem Buch »Libro de laberinti«, Padua, Italien, 16. Jahrhundert ▶

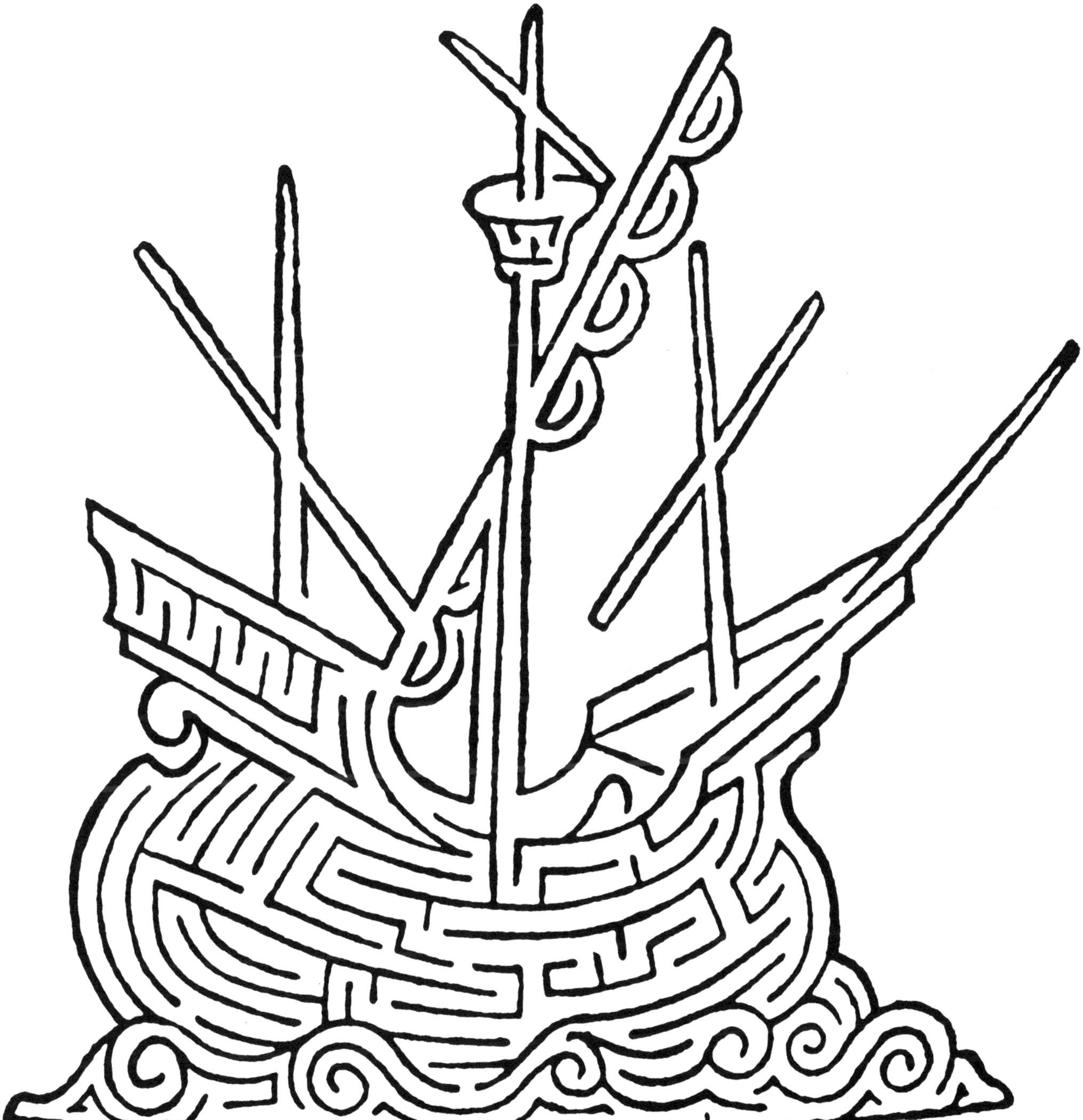

Die Wunderburg

Es gibt einen ummauerten Bezirk, auf allen Seiten verschlossen. Sein Inneres besteht aus miteinander verbundenen Labyrinthen. Der Schutz ist so vollständig, dass alles Negative und Unerwünschte abgewiesen wird … Das Aufhören des Denkens in altgewohnten Bahnen ist dabei wünschenswert, Sorgen sind widersinnig. Die göttliche Lebenskraft füllt die verschiedenen Räume … Wer sie behält, wird gedeihen, wer sie verliert, wird zugrunde gehen.

Wei Po-Yang

Die Wunderburg ist ein Labyrinth für alle, die sich Sorgen machen oder dazu neigen, die Dinge überwiegend negativ zu sehen. »Ein schön Labyrinth ist eine Wunderburg vom Wesen und Lauf der argen schnöden und bösen Welt in diesen letzten gefährlichen Zeiten«, so formulierte es der Theologe Johann Agricola vor rund 400 Jahren. Das von Gottes guter Kraft durchflutete Labyrinth wird zum Gegenentwurf für eine bedrückende Welt. Das Labyrinth wandelt sich zum positiven Experimentierfeld für eine neue, gesicherte Lebenseinstellung.

In die Wunderburg kann man sich zurückziehen wie in einen geschützten und heiligen Raum. Man kann dort Energie tanken und Kraft schöpfen. Vor allem aber kann man bewusst alle negativen Gedanken und Ängste vor dem Eingang ablegen und sich auf neue Bahnen des Denkens einlassen.

Nehmen Sie einen einzigen guten Gedanken oder nicht zu langen Sinnspruch mit ins Labyrinth und wiederholen Sie ihn innerlich unablässig, während Sie still in der Wunderburg unterwegs sind. Kurze, positive und tröstliche Sätze eignen sich am besten.

Gartenlabyrinth von Georg Andreas Boeckler, Kupferstich in seinem Buch »Architectura Curiosa Nova«, Nürnberg, 1664 ▶

Im Kreis der Turner

Früher oder später werden wir erkennen, dass nicht unser Finden wirklich zählt, sondern unser Gefundenwerden. Wir werden sehen, dass es nicht darauf ankommt, dass wir den Weg kennen, sondern dass wir an unserem Gehen erkannt werden.

David Steindl-Rast

Das ursprünglichste Element des Labyrinths ist die Bewegung. Die Labyrinthfigur entstand durch das Gehen oder Tanzen. Ein ins Labyrinthlaufen Eingeweihter war der Vortänzer und führte die Unwissenden ins Labyrinth hinein und wieder heraus. Weil es weder aufgezeichnete noch gebaute Labyrinthe gab, musste er die komplizierte Figur sowohl im Kopf als auch in den Füßen haben. Jeder, der ihm ins Labyrinth folgte, konnte sich ausschließlich an seinem Vor-Gehen orientieren.
Turnvater Friedrich Jahn griff diesen Gedanken wieder auf und ließ 1816 in der Hasenheide bei Berlin einen labyrinthartigen »Wunderkreis« zur körperlichen Ertüchtigung anlegen. Man lief die Figur ähnlich wie ein Jogger ab und schulte durch die vielen Drehungen und Wendungen den Bewegungsapparat.

Versuchen Sie, sich diese Figur gut einzuprägen und dann draußen auf einer freien Fläche aus dem Gedächtnis abzulaufen. Die sieben Spiralwirbel des nebenstehenden Labyrinths erfordern beim schnelleren Gehen eine gewisse Geschmeidigkeit in den Bewegungen. Das lockert, löst Verspannungen und macht schön warm.

Malen Sie das Turnlabyrinth auf ein möglichst großes Stück Papier. Experimentieren Sie dabei mit ganz verschiedenen Stiften, Kreiden und Pinseln. Womit erleben Sie die Bewegungen am schönsten?

Illustration von Eduard Linden, Turnlehrer der kaiserlichen Großfürsten in Petersburg, für das Buch »Wunderkreis und Irrgarten. Für Turnplätze und Gartenanlagen« des Jahn-Schülers Hans Ferdinand Maßmann, Quedlinburg und Leipzig, 1844 ▶

Der Klostergarten

In dem verwirrten Irregarten,
der so von Krümmen zugericht',
geh ich und will ohn' Furcht erwarten
die Hilfe, die dein Wort verspricht ...

Inschrift eines barocken Labyrinths

Schon beim Kirchenlehrer Hippolytos († um 235) findet man die christliche Vorstellung, dass die Welt ein Labyrinth ist, in dem die menschliche Seele herumirrt und mit Gottes Hilfe daraus erlöst wird. In der Barockzeit entwickelte man dann verschiedene »geistliche Rezepte«, die den Irrweg der Seele erleichtern sollten. Empfohlen wurden meistens eine klare Hinwendung zu Gott, Einfachheit und Anspruchslosigkeit. Es gab aber auch Autoren, die weniger asketisch davon sprachen, dass die Beziehung zu Gott manchmal selbst wie ein Labyrinth ist und man mit liebevollem Vertrauen, heiterer Gelassenheit und wirklicher Hingabe zur Mitte finden und ganz in Gott aufgehen kann.

Für diesen weitläufigen Kloster-Irrgarten (der niemals verwirklicht wurde) braucht man Zeit und Geduld. Dafür kann man sich aber in barocker Weise vorstellen, dass man gemeinsam mit »drei vornehmen Damen« namens »Glaube, Hoffnung und Barmherzigkeit« im Labyrinth des persönlichen Schicksals nach der wahren »Glückseligkeit« sucht.

Suchen Sie im Klostergarten nach einem stillen Winkel und sprechen Sie dort ein Gebet oder verweilen Sie etwas in Schweigen, bevor Sie weiterlaufen.

Entwurf eines Kloster-Irrgartens für die Benediktiner-Abtei Lambach, Oberösterreich, vermutlich von Stiftsgärtner Stefan Schwarz, datiert auf 1711 ▶

Im Liebes-Irrgarten

Wir haben viel füreinander gefühlt
und dennoch uns gar vortrefflich vertragen.
Wir haben oft »Mann und Frau« gespielt
und dennoch uns nicht gerauft und geschlagen.
Wir haben zusammen gejauchzt und gescherzt
und zärtlich uns geküsst und geherzt.
Wir haben am Ende, aus kindischer Lust,
»Verstecken« gespielt in Wäldern und Gründen
und haben uns so zu verstecken gewusst,
dass wir uns nimmermehr wieder finden.
Heinrich Heine

Nicht immer gelingt es einem Paar, die Leichtigkeit und den Ernst der Liebe miteinander zu verbinden. »Mann und Frau« kann man nicht spielen, sondern nur leben. Trotzdem gehört zu jeder tiefen Liebe auch etwas Spielerisches. Im Irrgarten der Liebe kann man sich leicht verlieren und verloren gehen. In der Liebe muss man sich immer wieder verlieren, um sich als Paar wieder zu finden.

In den vier verschiedenen Gartenbereichen kann man der Verlockung, Verbundenheit, Verwirrung oder auch Verlorenheit von Verliebten nachgehen.

Wenn man den Irrgarten gemeinsam schweigend ausmalt, ergibt sich eine schöne Übung für Paare. Welcher Weg ist meiner, deiner, unserer? Wo finde ich wirklich zum anderen? Wer entzieht sich dem anderen? Wer versteckt sich? Wer sucht? Wo verlieren und wo treffen wir uns? Wohin kann ich dir folgen und du mir? Erst nach dem Ausmalen tauscht man sich dann über die Erfahrung im Irrgarten aus. Gehen Sie dabei liebevoll miteinander um: Der Weg der Liebe wird nur gemeinsam gefunden.

Entwurf für ein Gartenlabyrinth von Batty Langley, Kupferstich, London, 1728 ▶

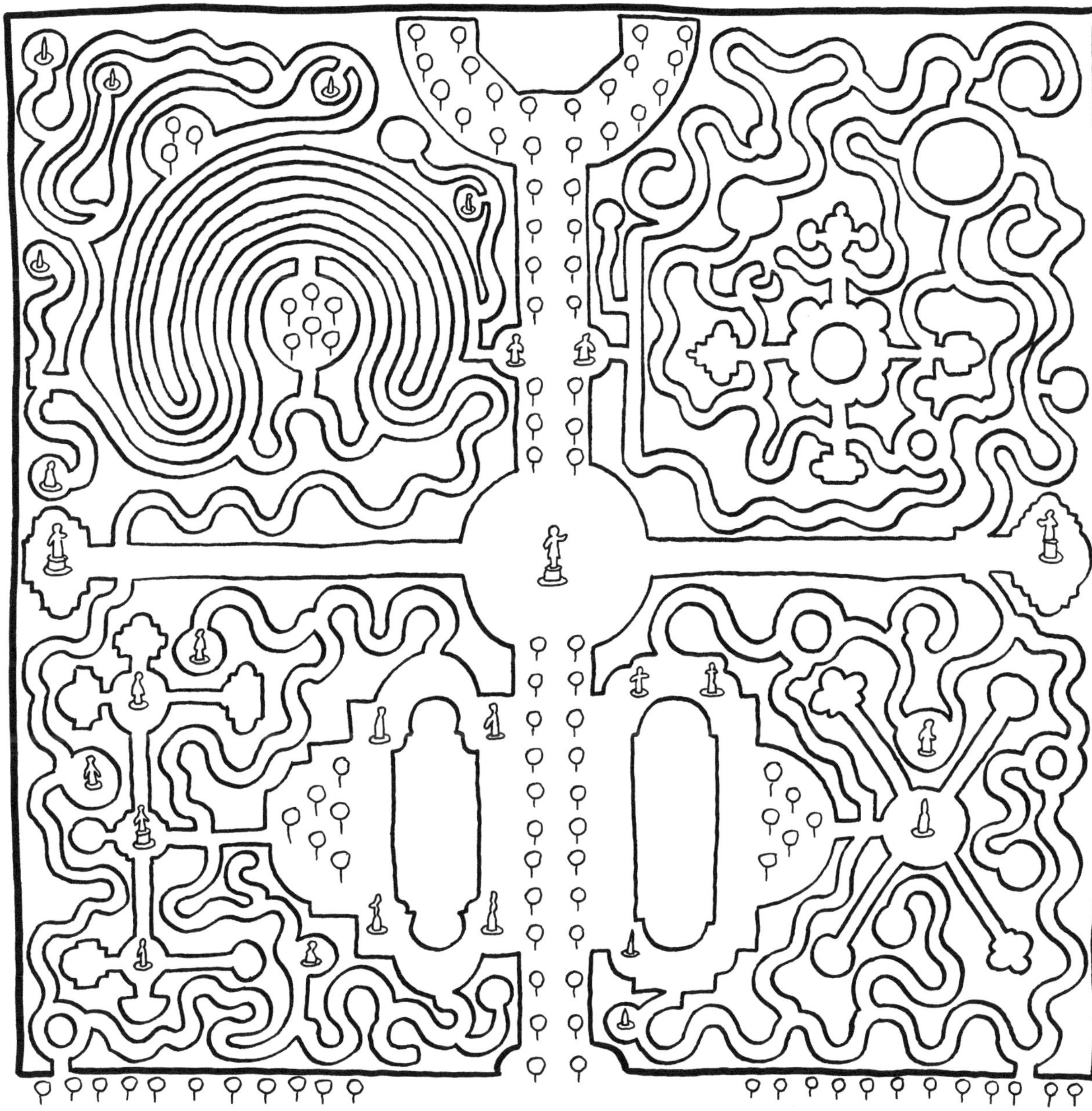

Die Mauer

Bevor ich eine Mauer errichtete, wollte ich wissen,
was ich damit ein- oder ausschloss.
Robert Frost

Am Torturm, in dem Theseus gerade verschwindet, ist außen der Faden der Ariadne angebunden. Wie Theseus hätten wir gerne einen Leitfaden zur inneren Ganzheit in der Hand, der uns bei der Suche Sicherheit und Halt gibt. Aber das Leben läuft nicht nur auf geraden und überschaubaren Wegen, sondern zwingt uns viele Umwege auf, die Zeit und Kraft kosten.

Die Gegensätze verbindende Schlangenlinie des Weges macht unsere Seelenreise zur »longissima via«, zur allerlängsten Reise, die des Schreckens nicht entbehrt. Aber das hat auch sein Gutes: Sie fordert von uns das, was wir am meisten fürchten, nämlich die Ganzheit, die wir sonst am liebsten in großem Bogen umgehen würden. Das Labyrinth führt uns geduldig hin zu unserer Mitte und schließt alles, was nicht dazugehört, immer mehr aus.

Hinter den Mauern des Labyrinths warten »schwer zugängliche« Erfahrungen auf uns, die zu den Kostbarkeiten unseres Lebens werden können, wenn wir sie uns mit dem Mut eines Theseus erschließen.

Malen Sie jeden der elf Mauerringe in einer anderen Farbe aus.

Ausschnitt aus einem Kupferstich, vermutlich von Baccio Baldini,
Florenz, Italien, um 1460 ▶

Das Tor zur Unterwelt

Den Lebenden ist dies da ein Irrgang.
Ihr, Freunde, sollt immer Lust am Labyrinth haben.
Inschrift auf einem römischen Grabmal

Dieses Labyrinth wurde für eine unterirdische römische Grabstätte angelegt, die man 1860 wieder entdeckte. Unten sieht man das Schiff des Theseus, mit dem er seine Fahrt ins Ungewisse antrat. Im Original ist über dem Tor eine Inschrift eingefügt, die den Besucher eindringlich warnt: »Hic inclusus vitam perdit« – »Wer hier eingeschlossen ist, verliert sein Leben«. Das Labyrinth wird zum Symbol für den Weg in die Unterwelt mit ihren Schrecken.
In der Mitte der Unterwelt liegt der tote Minotaurus auf dem Rücken. Das Labyrinth zieht einen magischen Schutzkreis um den Toten und verwehrt ihm die Rückkehr. Damit wird die Welt der Toten von der Welt der Lebenden geschieden und das Grab versiegelt.
Wenn Sie sich in dieses Labyrinth hineinwagen, können Sie die Endgültigkeit des Todes als auch die glückliche Wiederkehr des Theseus aus der Welt des Untergangs nacherleben.

Rechteckiges Fußbodenmosaik, Sousse (antiker Name: Hadrumetum), Tunesien, um 200–250 n. Chr. Das Mosaik wurde zerstört, erhalten blieben nur Zeichnungen aus der Zeit der Entdeckung ▶

Der Leitstern

Der Beduine, der sich in der Wüste auskennt,
tauchte mich in tiefe Nachdenklichkeit
mit seiner geheimnisvollen Bemerkung:
Es genügt das Fehlen eines Sternes,
damit eine Karawane die Richtung verliert.
Dom Helder Camara

Unser ganzer Kosmos wird von der Anziehungskraft zusammengehalten. Planeten, Sterne, Sonnen und Monde ziehen sich gegenseitig an und üben eine »verlockende« Wirkung aufeinander aus. Sie bilden Sonnensysteme und Sternenfamilien, die sich in Milchstraßen zusammenfinden; selbst die riesigen Galaxien gehen noch Gemeinschaften ein und senden uns mit ihrem uralten Licht eine großartige Botschaft: Nichts im Kosmos ist ohne Beziehung. Nichts im Kosmos ist ohne Sinn. Nichts im Kosmos darf fehlen. Dieses wunderbare Wissen der Sterne trägt jeder Mensch in sich, denn wir alle sind aus Sternenstaub gemacht.
Diesen Leitstern können Sie immer dann durchwandern, wenn Sie nach Orientierung suchen und neue Perspektiven entwickeln wollen. Er lädt ein, größere und tiefere Zusammenhänge zu entdecken, über die Enge des persönlichen Gesichtsfeldes hinauszuwachsen und im besten Sinne nach den Sternen zu greifen.

Labyrinth in Form eines Rosettenfensters von Bernard Myers, USA, um 1970 ▶

Der Pilgerweg

Ehe ich die lange Reise beginne,
tut es not, dass ich mich auf mich selber besinne,
an die Mauer stoße, bis diese fällt
und mich nicht mehr gefangen hält.
In Zeiten der Sünde bin ich gefangen.
Sobald ich mich auf dem Bußweg befinde,
werde ich Hilfe erlangen.
Altes Lied der Santiago-Pilger

Die weißen Dreiecke auf schwarzem Grund sind Richtungspfeile. Bei diesem Kirchenlabyrinth aus Ravenna beginnt man also in der Mitte und läuft dann den Weg hinaus. Dahinter steckt die Vorstellung von der Welt als Labyrinth, in deren sündiger Struktur man sich selbst und Gott verloren hat. Wer sich auf sich selbst besinnt, spürt aber, was ihm fehlt, und sehnt sich nach einem erlösenden Ausweg und nach Hilfe. Das alte Pilgerlied zeigt die Weisheit eines »aufgebrochenen« Lebens und spricht davon, dass die Hilfe bereits »unterwegs« ist. Ein heilsamer Weg tut sich auf.

Am Ende des Pilgerweges von San Vitale liegt die Jakobsmuschel, das Erkennungszeichen aller Pilger, die den Jakobsweg nach Santiago de Compostela in Spanien gehen. Daran schließt sich ein (hier nur angedeutetes) »Feld der Gnade« an. Es ist achteckig und symbolisiert die Auferstehung als befreiende Begegnung mit Gott. Gestalten Sie ein persönliches »Feld der Gnade« als Zielvision für Ihren Pilgerweg durch Labyrinth.

San Vitale in Ravenna, Schwarz-weißes Fußbodenlabyrinth aus Marmor, Teil des zentralen Oktogons unter der Kuppel, Italien, 16. Jahrhundert ▶

Die Spinne

Vor allem verliere niemals dein Verlangen zu gehen. Jeden Tag versetze ich mich selbst beim Gehen in einen Zustand des Wohlbefindens und gehe zugleich weg von allem Krankhaften. Ich bin in meine besten Gedanken geradezu hineingelaufen und ich kenne keinen Gedanken, der so bedrückend wäre, dass man nicht von ihm fortgehen könnte.

Sören Kierkegaard

Das Spinnenlabyrinth konfrontiert uns mit unseren Ängsten. Viele empfinden einen deutlichen Widerstand, in »so ein hässliches« Labyrinth hineinzugehen. Man kommt sich vor, als sei man einer Spinne ins Netz gegangen und ihr ausgeliefert. Das Labyrinth thematisiert die Bedrohung, relativiert sie aber auch: Das Bedrohliche verliert an Größe, je mutiger man sich darauf zu bewegt. Selbst im Inneren der Angst kann man sich noch bewegen.

Beginnen Sie beim Spinnenkopf und wandern Sie durch das Gespinst Ihrer negativen Gedanken und Vorstellungen. Nicht wenige davon können Sie in der Spinne zurücklassen. Machen Sie auch Ihrer Angst Beine, indem Sie mutig die dünnen Spinnenbeine entlanggehen. Am Schluss seilen Sie sich einfach nach unten ab.

Die Spinne, Entwurf des Architekten Francesco Segala, Holzschnitt aus seinem Buch »Libro de laberinti«, Padua, Italien, 16. Jahrhundert ▶

Das Spiel im Labyrinth

Inmitten des Wirrwarrs gilt es, das Einfache zu finden.

Albert Einstein

Die fünf runden Medaillons zeigen Szenen, die alle unter freiem Himmel spielen: Im Zentrum kämpft Theseus gegen einen teufelartigen Minotaurus, dahinter gibt es ein festliches Mahl unter einem prachtvollen Baum; links ein sprudelnder Brunnen, rechts Leute beim Kegeln und vor einem Brettspiel. In den vier Eckkreisen sieht man Figuren, die gerade durchs Labyrinth laufen und den weiteren Weg zeigen. In den quadratischen Kästchen stehen reich belaubte Waldbäume. Auf den Labyrinthwegen finden sich spielerische Details: ein springender Hase oder Hund und Katz.

Dieses heitere Labyrinth enthält eine Aufforderung zu Spiel und Vergnügen, warnt aber auch, sich nicht im Spiel zu verlieren und dem Spielteufel zu verfallen. Es lockt den Betrachter auf verwickelte Wege und ermahnt ihn gleichzeitig, sich nicht zu sehr am Verwickelten zu erfreuen, weil man sonst zu vielen Verirrungen ausgesetzt ist und vor lauter Wald die Bäume nicht mehr sieht.

Eine kleine Hilfestellung: Peilen Sie als erstes Etappenziel den kleinen Kreis rechts unten an und suchen Sie dann gegen den Uhrzeigersinn die drei anderen kleinen Kreise auf. Zum Schluss gehen Sie in die Mitte.

Holzschnitt von einem unbekannten deutschen Meister, vermutlich ein Entwurf für ein Heckenlabyrinth, um 1550 ▶

Der Hirsch

Ich beschwöre euch, ihr Töchter Jerusalems, bei den Gazellen oder den Hirschen auf dem Felde, dass ihr die Liebe nicht aufweckt und nicht stört, bis es ihr selber gefällt. Da ist die Stimme meines Freundes! Siehe, er kommt und läuft über die Berge und springt über die Hügel wie ein junger Hirsch. Mein Freund ist mein und ich bin sein, der unter den Lilien weidet. Bis der Tag kühl wird und die Schatten schwinden, wende dich her zu mir, mein Freund, wie ein junger Hirsch auf den Balsambergen.

Bibel, Hohes Lied

In dieser Liebeserklärung wird der Geliebte und Freund mit einem Hirsch verglichen, dem Sinnbild für männliche Schnelligkeit, Gewandtheit und Fruchtbarkeit. Das knüpft an uralte Vorstellungen der Naturvölker an, bei denen der Hirsch wegen seines strahlenartigen Geweihs als starker Lichtbringer und Beschützer des Lebens verehrt wurde.

Weil er sein Geweih abwerfen und erneuern kann, sah man in ihm auch den Überwinder des Todes und den Überbringer neuen Lebens. Einer Legende nach zieht der Hirsch giftige Schlangen aus der Erde und frisst sie auf, ohne Schaden zu nehmen, weil er durch einen Schluck aus der Quelle des Lebens das Gift neutralisieren kann. Er wirft dann Geweih und Haare ab und empfängt neue. Im mittelalterlichen Gralsepos identifizierte man darum den Hirsch mit Christus, der die Schlange des Bösen besiegt, anschließend seinen Jüngern als weißer Hirsch erscheint und ihnen ein neues Leben schenkt.

- Das Hirschlabyrinth kann man mit einem Lötkolben in ein Stück Holz oder in die hellere, raue Seite eines Lederstücks einbrennen.
- Bei einem Spaziergang kann man nach guten »Malfelsen« suchen und den Hirsch mit Kreide aufzeichnen.

Sibirische Felszeichnung, von uns zum Labyrinth ergänzt, Alter unbekannt ▶

Brücken und Gassen

Dies Labyrinth von Brücken und Gassen,
die tausendfach sich ineinander schlingen,
wie wird hindurchzugehen mir je gelingen?
Wie werd ich je dies große Rätsel fassen?
Heinrich Heine

Der von der Weglänge her größte Heckenirrgarten der Welt gehört zu einem elisabethanischen Herrensitz in Südengland, entstand aber erst in den 70er Jahren unseres Jahrhunderts. Drei Spiralwirbel mit jeweils fünf verschiedenen Wahlmöglichkeiten erschweren die Orientierung im Irrgarten erheblich und führen dazu, dass man sehr oft zum selben Punkt zurückgelangt, wenn man nicht ganz besonders aufpasst. Außerdem gibt es noch zahlreiche kleinere Wirbel, Kreuzungen und Weggabelungen, um die Konfusion zwischen den mannshohen Eibenhecken zu erhöhen. Weil die Wege nicht rechtwinklig angelegt wurden, sondern in weichen Windungen verlaufen, verliert man schnell auch den Sinn für die Himmelsrichtungen. Die sechs Holzbrücken sind in der Realität alle mit Seitenwänden und einem Dach überbaut, so dass man sich erst dann einen Überblick über das ganze Labyrinth verschaffen kann, wenn man glücklich das erhöhte Häuschen im Zentrum gefunden hat.

- Finden Sie die wenigen Sackgassen des Labyrinths?
- Womit überbrücken Sie schwierige Zeiten oder Gegensätze?
- Die geschlossenen Brücken von Longleat House sind ein Symbol für »dunkle Verbindungen«. Wenn Sie sich wegen Beziehungsproblemen den Kopf zerbrechen, öffnen Sie in Gedanken solche dunklen Verbindungen und ersetzen Sie sie durch »goldene Brücken« vom einen zum anderen. Was dient der Versöhnung?

Irrgarten aus Eibenhecken, Longleat House bei Warminster, Wilshire, Großbritannien. Entwurf von Greg Bright, gepflanzt 1970, eröffnet 1978 ▶

Das Auge in der Hand

Ohne hinauszugehen, kann man draußen sein.
Ohne hinauszusehen, kann man schauen.
Weit hinausgehen verhindert eingehen.
Je näher man der Welt ist, desto weniger sieht man von ihr.
Also der Erwachte:
Er erfährt Fernstes, ohne zu wandern.
Er erkennt, ohne zu kennen.
Er vollendet, ohne zu handeln.

Lao-tse

Die lichte Natur des Auges legte es nahe, dass wir es zu einem unserer wichtigsten Symbole für Wissen und Erkenntnis machten. Die verschiedensten mystischen Traditionen sprechen von einem »Oculus mundi« und meinen damit das spirituelle Auge des Universums. Das Auge in der linken Hand erinnert an diese »andere, verborgene« Sicht der Wirklichkeit, die hinter unserem gewöhnlichen Alltag steht. Die indischen Mystiker sprechen vom geheimnisvollen, dunklen »Pfad der linken Hand«, auf dem Herz und Verstand gemeinsam zur Erkenntnis gelangen.

Gehen Sie bei diesem Labyrinth ganz bewusst zuerst auf das Auge zu. Verweilen Sie etwas darin und suchen Sie dann von hier aus nach Ihrem wahren Weg und Ihrer wahren Bestimmung.

Das Auge in der Hand drückt auch aus, dass sich der eigentliche Weg erst im *Hand*eln auftut. Denken Sie daran, dass die linke Hand »von Herzen kommt« und sich damit ein Pfad des Herzens auftun kann. Widmen Sie dieses Bild jemandem, der Ihnen auf dem »Pfad des Herzens« begegnete.

Mystisches Diagramm aus Indien, Federzeichnung, vermutlich Anfang 19. Jahrhundert, von uns als Labyrinth gestaltet ▶

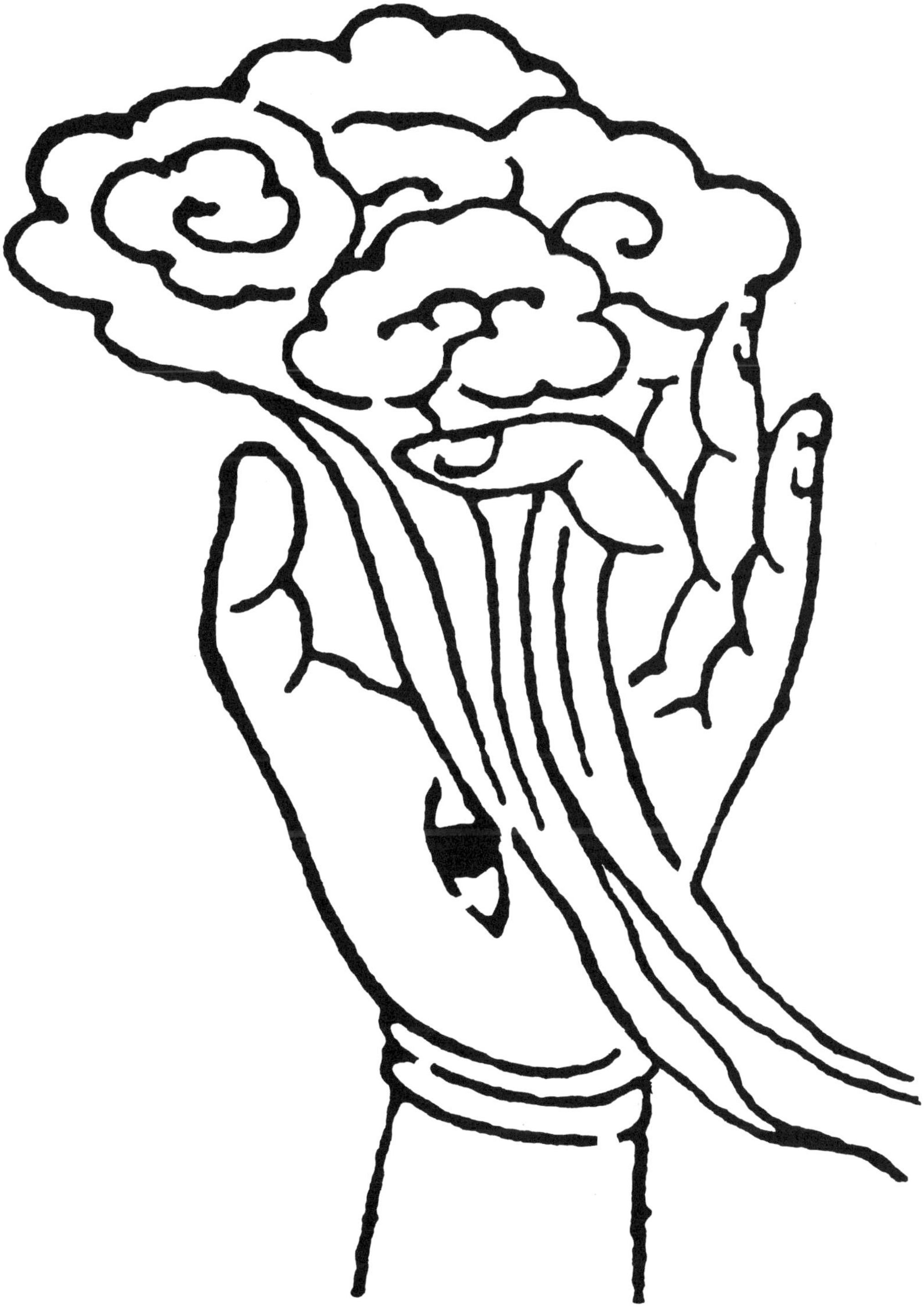

Das englische Grün

Verschlämmt vom Lehme liegt das Mühlespiel.
Kaum wahrnehmbar: die wundersamen Labyrinthe
im munter wuchernden Grün, weil niemand sie betritt.

William Shakespeare

Rasenlabyrinthe sind eine englische Spezialität. Sie waren im Mittelalter auf der Insel weit verbreitet und wurden vermutlich von Pilgern angelegt, die sich im 13. und 14. Jahrhundert von den begehbaren Kirchenlabyrinthen in Nordfrankreich inspirieren ließen. Ein Rasenlabyrinth muss sorgfältig angelegt und gepflegt werden. Man sticht die »Trennmauern« in die Grasnarbe und läuft dann auf dem erhobenen Rasenband. Wird das Rasenlabyrinth nicht regelmäßig nachgestochen und gemäht, verschwindet es unter »munter wucherndem« Grün, wie es bei Shakespeare heißt.

Der Weg führt hier überraschend schnell ins Zentrum, wo man erstaunt feststellt, dass es jetzt eigentlich erst losgeht, denn nun stehen einem mehrere Wege offen, die auch wieder im Zentrum enden. Hier kann man lernen, dass nicht der kürzeste Weg, sondern die langen Umwege am meisten Erfahrung für das Große und Ganze mit sich bringen.

Weil man in diesem Labyrinth auf einem Weg aus weichem englischem Rasen läuft, können Sie beim Ausmalen üppiges Grün verwenden und sich über die vielen Umwege ihres Lebens freuen. Üben Sie sich dabei in Gelassenheit: Viele Wege führen zum Ziel!

Rasenlabyrinth, Hilton bei Comberton, Huntingdonshire, England. Die im Zentrum stehende Steinsäule mit Kugelaufsatz datiert von 1660, das Labyrinth selbst ist noch älter ▶

Im Reich der Phantasie

Zwischen Büschen, Hecken, Wiesen und Beeten mit den seltsamsten und seltensten Blüten verliefen breite Wege und schmale Pfade in so kunstvoller und viel verzweigter Anordnung, dass die ganze Anlage einen Irrgarten von unvorstellbarer Weitläufigkeit bildete. Natürlich war dieser Irrgarten nur zum Spiel und zum Vergnügen angelegt, nicht um etwa jemanden ernstlich in Gefahr zu bringen oder gar um Angreifer abzuwehren. Dazu hätte er nicht getaugt, und einen solchen Schutz hätte die Kindliche Kaiserin auch gar nicht nötig gehabt. Im ganzen grenzenlosen phantásischen Reich gab es niemand, gegen den sie sich hätte schützen müssen.

Michael Ende

Wer die Welt mit Kinderaugen betrachtet, sieht überall das Wunderbare und erlebt die Welt als unendlich wohlwollend und geborgen. In allem steckt eine herzliche Einladung zum Spiel und Vergnügen, die Kinder ohne zu zögern annehmen können. Gartenlabyrinthe wie das von Versailles wurden extra dafür angelegt, dass auch Erwachsene »Auslauf« für ihre Phantasie haben.

Erinnern Sie sich an möglichst viele Spiele aus Ihrer Kinderzeit und zählen Sie bei jedem runden Platz im Garten eines auf. Für jedes Spiel, das Ihnen einfällt, dürfen Sie dem Platz einen bunten Farbklecks verleihen. Sobald ein Platz farbig ist, dürfen Sie ihn nicht mehr betreten und müssen Ihren Weg anderswo suchen.

Man kann das Labyrinth auch nach allen Seiten hin weiterführen, eine schöne Übung für Gruppen. Dazu teilt man kopierte Blätter aus, die am Rand lediglich die Ansatzstellen für die Wege zeigen. Die ausgemalten Labyrinthe werden an den markierten Wegübergängen zusammengeklebt. Hängen Sie das neue »Riesenreich der Phantasie« an einer inspirierenden Stelle auf.

Verbesserung des Labyrinths von Versailles, Kupferstich von Batty Longley aus seinem Buch »New Principles of Gardening«, London, 1728 ▶

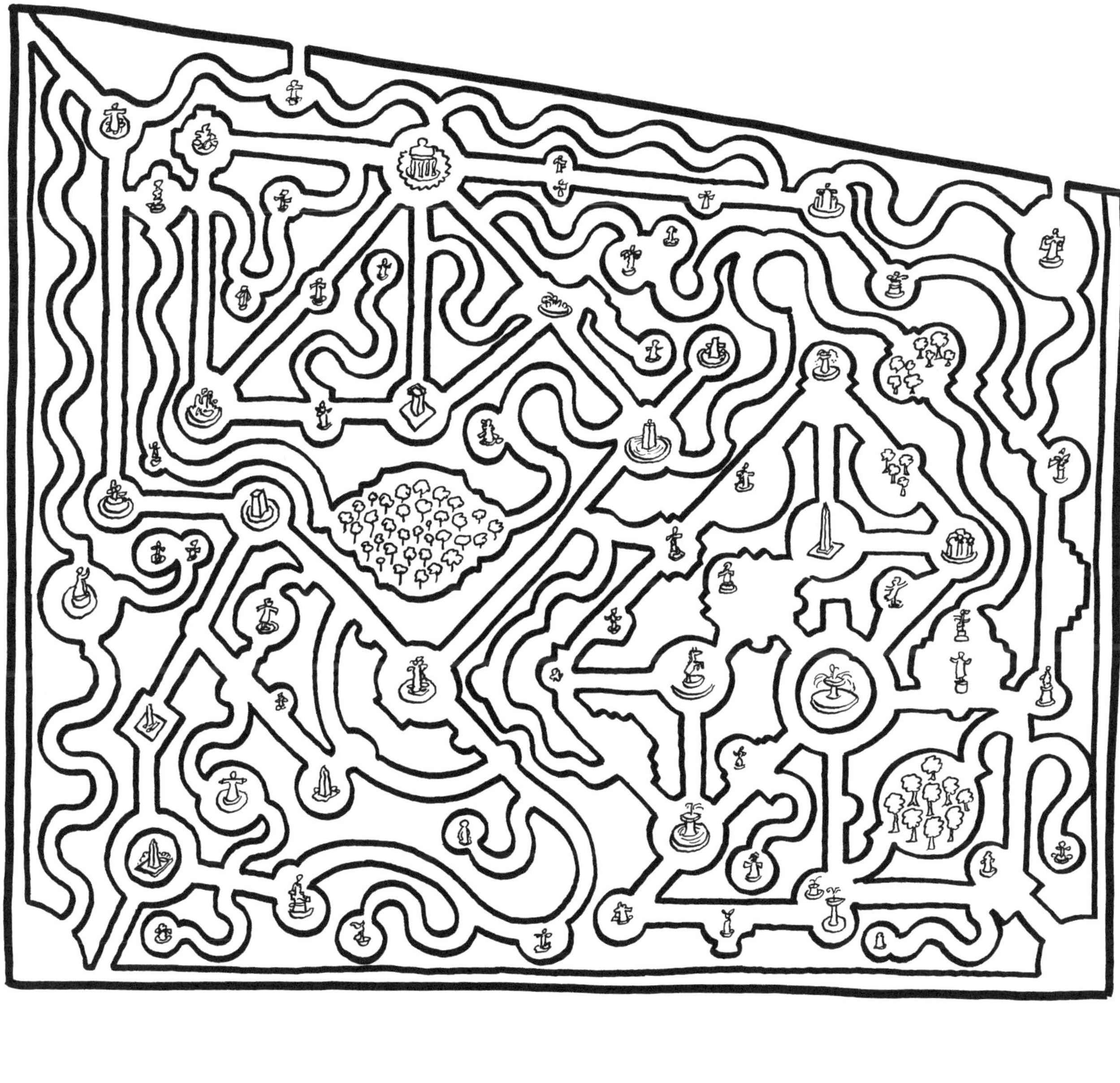

Der Traum des Poliphilo

Das Ziel ist hier auf Erden
den meisten von uns unerreichbar,
wir, die nur unbesiegt bleiben,
weil wir es stets aufs Neue versuchten.
T. S. Eliot

Als Inspiration für dieses französische Heckenlabyrinth diente ein wunderschön illustrierter Bestseller des 15. Jahrhunderts, die »Hypnerotomachia Poliphili« (»Traumliebesstreit des Poliphilo«) des Dominikaners Francesco Colonna (1433–1527). Darin wird erzählt, wie Poliphilo im Traum den Weg zu seiner Geliebten Polia findet. Er durchwandert einen dunklen Wald, ein paradiesisches Tal, stößt auf antike Ruinen, eine Pyramide (Auge), geheimnisvolle Skulpturen (Elefanten) und auch auf ein Labyrinth, in dem er von einem Drachen verfolgt wird.

Tummeln Sie sich im »Garten der Freiheit«: Fünf Nymphen (Stern der fünf Sinne) zeigen Poliphilo den Weg, bis er schließlich hinter einer von drei Türen (ein Eingang, zwei Ausgänge) seine geliebte Polia findet und mit ihr im »Tempel der Venus« (Zentrum) die Verlobung feiern kann. Die drei Türen stehen für himmlische Ehre, irdischen Ruhm und Liebe. Letztere, so lautet die Botschaft, sollte immer die ausschlaggebende Führerin in allen Dingen sein. Insgesamt beschreibt der Weg des Poliphilo neun Stationen, hier symbolisiert durch neun Brücken.

Darüber hinaus sieht man noch vier Tiere (Eule, Eidechse, Taube und Fisch), die Familienmitglieder des Labyrinthbesitzers repräsentieren. Mit welchem könnten Sie sich am ehesten identifizieren? Wie würden Sie Ihre Familie »tierisch« charakterisieren?

Heckenlabyrinth des Château de Thoiry,
Entwurf von Adrian Fisher, Frankreich, 1981 ▶

Der Palast des Salomon

Wenn du von einem Labyrinth hörst, Fremdling,
das Salomon aus seinem Geiste gebildet und
mit im Bogen aneinander gesetzten Steinen erbaut hat:
Dessen Gefüge, Figur und Vielfalt
zeichne mit Strichen von dunkler Tinte maßstabgetreu nach,
betrachte dabei die unzähligen Windungen,
nämlich die kreisrunden Bahnen, die von innen nach außen führen
und sich von dort wieder bogenförmig nach innen winden,
und erkenne darin den kreisförmigen Lauf des Lebens ...
Aus einem griechischen Manuskript des 11. Jahrhunderts

Die äthiopische Königsfamilie führte ihre »salomonische Dynastie« auf einen Sohn aus der Verbindung zwischen König Salomo und der Königin von Saba zurück. Auf dieser Labyrinthzeichnung sieht man König Salomo, der in Begleitung von zwei Leibwächtern seinen Palast inspiziert. Einer äthiopischen Sage nach soll dieser gut gesicherte und weitläufige Palast inklusive Harem die Form eines Labyrinths gehabt haben. Einem verliebten Mann namens Sirak, so heißt es, ist es aber trotzdem gelungen, einen unterirdischen Tunnel bis zur Mitte des Palastes zu graben und eine der Haremsdamen Salomos zu entführen. Das Motiv schmückte eine Zauberrolle, die man als Amulett bei Krankheiten oder wichtigen Herzensangelegenheiten anlegte.
Zum Knobeln: Das Labyrinth ist schon im Original fehlerhaft gezeichnet. Wo könnte man Tunnel anlegen, um einen vollständigen Umlauf zu ermöglichen?
Mit wem würden Sie Ihre Herzensangelegenheiten am liebsten besprechen: mit der schönen Königin von Saba, dem weisen König Salomo, dem verliebten Sirak oder der geheimnisvollen Haremsdame?

Federzeichnung in einer Zauberrolle aus Pergament, Äthiopien, 19. Jahrhundert ▶

Die Freude im Bauch

Der Freude entsprosst alle Schöpfung,
durch die Freude wird sie erhalten,
zur Freude bewegt sie sich hin
und in die Freude kehrt sie zurück.

Mundaka Upinashad

Bei diesem ungewöhnlichen indischen Motiv, das an die Windungen des Gehirns erinnert, gabelt sich der Weg am Eingang. Sie können sich entscheiden: Der linke Weg beschreibt zuerst in vielen Windungen das umfassende Quadrat und ermöglicht Ihnen, die äußeren Grenzen der ganzen Figur zu umlaufen. Der rechte Eingang führt Sie schnell tief hinein in die inneren acht Sektoren und ermöglicht Ihnen zahlreiche Annäherungen an die kreuzförmige Mitte.

Die Formen von Quadrat und Kreis repräsentieren die gelungene Vereinigung der Gegensätze. Übertragen auf die Körperebene führt das zu einer positiven Erfahrung der Leibmitte: Kopf und Bauch werden harmonisiert, die bewusste Freude darüber wird spürbar als entspanntes Wohlgefühl im Bauch.

Achten Sie beim Ausmalen darauf, dass alle verwendeten Farben Ihr spontanes Wohlgefallen finden. Unterstützen Sie die Malerfahrung durch bewusstes, unangestrengtes Atmen in den Bauch. Beengende Kleidung und Gürtel vorher lockern!

Tantrisches Diagramm, Gouache auf Papier, ca. 18 x 15 cm, Indien, vermutlich 18. Jahrhundert ▶

Das Labyrinth des Blinden

Raftery bin ich, der Dichter, voller Hoffnung und Liebe;
meine Augen sind ohne Licht, meine Sanftmut ist ohne Bitternis.
Ich wandere westwärts beim Licht meines Herzens,
schwach und müde, bis an das Ende meines Weges.
Siehe, hier stehe ich mit dem Gesicht gegen eine Mauer
und mache Musik vor leeren Taschen.

Anthony Raftery

Der blinde Dichter und Straßensänger Raftery (1784–1835) hat im Lauf seines Lebens seine Heimat Irland siebenmal ganz durchwandert. Er entzückte seine wie er selbst in bitterer Armut lebenden Landsleute mit seinen Balladen und Liebesliedern. Nie soll er sich über sein Schicksal beklagt haben. Menschen wie Raftery erinnern daran, dass man sich gerade dann im Labyrinth des Lebens zurechtfinden kann, wenn man sich nur vom »Licht des Herzens« leiten lässt.

Geben Sie dem Labyrinth den Namen Ihrer größten Armut (dem Bereich, wo Sie bei sich den größten Mangel empfinden). Fragen Sie sich bei jedem Schritt durch das Labyrinth, für welche Aspekte der Fülle in Ihrem Leben Sie bisher blind gewesen sind. Legen Sie bei jedem Schritt behutsam ein Stück Bitternis ab und ersetzen Sie es durch ein Stück Hoffnung und Liebe.

Singen Sie beim Ausmalen eine selbst erfundene Ballade über die Irrwege der Liebe und die tröstliche Musik in den Herzen der wissenden Blinden.

Irrgarten, von uns eingefügt in ein keltisches Flechtwerk-Ornament aus Dunfallandy bei Perth, Schottland, vermutlich 9. Jahrhundert ▶

Das Rad

Wähle den sanften Weg.

George Herbert

Der deutsche Mystiker Jakob Böhme sprach einmal davon, dass das Leben des Menschen einem Rad auf dem Weg gleicht, das durch den Dreck fährt und dabei unausweichlich von allem, dem es unterwegs begegnet, beschmutzt wird. Unten auf dem Weg: Das sind unsere Erfahrungen mit der mühsamen, belastenden, komplizierten und schmerzlichen Seite des Lebens. Böhme wusste aber auch, was den Staub und Schmutz des Lebensweges von unserer Seele wäscht. Er empfahl ein »Bad in der Bewegung des Herzens Gottes«, das uns mit dem »Wasser der Sanftmut« reinigt und erfrischt.

Wählen Sie zur seelischen Erfrischung den sanften Weg rund um den Lindenbaum und erfreuen Sie sich an den weichen, sanft gerundeten und geschwungenen Bahnen. Je gelassener Sie sich von den Schwingungen des Weges tragen lassen, desto leichter tauchen Sie ein in die lindernde »Bewegung des Herzens Gottes«.

Trinken Sie ein Tässchen Lindenblütentee dazu (gibt es in der Apotheke).

Wissen Sie, wo bei Ihnen zu Hause die nächste Linde steht? Schreiten Sie das Labyrinth unter der Linde ab oder malen Sie es, unter dem Baum sitzend, aus. Besonders sinnlich ist das im Frühsommer, wenn die Linden blühen und ihren sanften Duft verströmen.

»Das Rad«, Rasenlabyrinth mit Lindenbaum im Zentrum, Eilenrieder Forst bei Hannover, erstmals erwähnt in der Stadtchronik von 1642 ▶

Das Labyrinth der Könige

Die Schwierigkeiten wachsen, je näher man dem Ziele kommt.
Johann Wolfgang von Goethe

Der königliche Hecken-Irrgarten von Schloss Hampton Court bei London ist vermutlich der berühmteste und meistbegangene Irrgarten der Welt. Jährlich kommen etwa eine Million Besucher in die trapezförmige Gartenanlage, deren längste Seite 70 Meter misst. Der mit immergrünen Eiben bepflanzte Irrgarten stammt aus dem Jahr 1690 und ersetzte vermutlich ein noch älteres Labyrinth an gleicher Stelle.

Obwohl das Labyrinth nicht sehr schwer aussieht, irren doch viele Besucher lange darin umher. Wenn Sie ganz sicher zum Ziel gelangen wollen, benutzen Sie die Hand-an-der-Wand-Methode: Legen Sie die rechte Hand auf die Heckenwand an Ihrer rechten Seite und wandern Sie die Wege entlang, ohne den Kontakt zwischen Hand und Wand zu unterbrechen. Mit der linken Hand auf der linken Wand geht es auch.

Ein Tipp für Literaturfans: In Jerome K. Jeromes heiterer Novelle »Drei Mann in einem Boot, vom Hunde ganz zu schweigen«, einem Klassiker englischen Humors, finden Sie eine Reihe witziger und amüsanter Erlebnisse, die in diesem Irrgarten spielen.

Hampton Court, East Molesey, Surrey, England, entworfen von George London und Henry Wise, angelegt zwischen 1690 und 1695 ▶

Die Schnecke

Gibt es etwas Grauenvolleres, als sich auf eine Reise zu begeben? Sobald man unterwegs ist, ist alles gut, aber die letzten Augenblicke vorher gehen mit Erdbeben und konvulsivischen Zuckungen einher und dem Gefühl, eine Schnecke zu sein, die man gewaltsam von ihrem Felsen entfernt.

Anne Morrow Lindbergh

Wenn ein Aufbruch bevorsteht, sich die Vorbereitungsarbeiten häufen und die Zeit drängt, legt nicht jeder ein besonders schnelles Tempo an den Tag. Manche Menschen werden immer langsamer. Scheinbar haben sie die Ruhe weg, ihre Aufgaben mit größter Gelassenheit zu erledigen. Gemächlich wie eine Schnecke verfolgen sie ihren Weg und kommen überraschenderweise auch ohne Stress rechtzeitig ans Ziel. Es gibt noch einen anderen »Schneckentyp«, der seine betriebsam-aktive Umgebung dadurch provoziert, indem er seine Bequemlichkeit und Antriebsschwäche als Gelassenheit ausgibt. Während er sich in sein Schneckenhaus der Passivität zurückzieht, dürfen die anderen herumspringen und die Arbeit erledigen.

Wenn Sie in dieser über 300 Jahre alten Schnecke unterwegs sind, können Sie überlegen, welche Seite der Schnecke Sie bevorzugt leben. Gehen Sie dabei langsam voran. Die Schnecke hat keine Zeit zu hetzen.

Labyrinthentwurf des Architekten Francesco Segala, Holzschnitt aus seinem Buch »Libro de laberinti«, Padua, Italien, 16. Jahrhundert ▶

Im Schloss

Dies ist das wunderbarste Labyrinth,
das je ein Mensch betrat ... in diesem Handel
ist mehr, als unter Leitung der Natur
je vorging: Ein Orakel muss darein
uns Einsicht öffnen.

William Shakespeare

Die meisten Kinder laufen mit einer neugierigen Offenheit durchs Labyrinth, so als würde sie hinter jeder Biegung etwas Besonderes erwarten. Sie rechnen mit Überraschungen und sind dank ihrer Phantasie auch schneller bereit, sich dem Wunderbaren zu öffnen. Dieses märchenhafte Labyrinth hat auf Schritt und Tritt etwas Neues zu bieten und regt die Phantasie besonders gut an. Man begegnet einem Einhorn, besucht ein Schloss mit zwei Türmen, Tor und Fahne, trifft auf einen Keiler und kann sich ein Banner erobern, eine Krone erwerben oder eine Lilie pflanzen.

Erfinden Sie beim Weg durchs Labyrinth Ihr eigenes Märchen, indem Sie alle wundersamen Dinge oder Lebewesen, denen Sie gerade begegnen, nach und nach in die Geschichte einbauen. Wie oft Sie auch dieses Labyrinth betreten, es wird Ihnen jedes Mal eine andere Geschichte erzählen.

Diese Übung eignet sich auch gut für mehrere Teilnehmer. Weil jeder einen anderen Weg durchs Labyrinth wählt, entstehen völlig verschiedene Geschichten, die man aufschreiben und sich gegenseitig erzählen kann.

Noch ein Tipp: Dieses Labyrinth hat einen schnellen Ausgang (rechten Turm oben verlassen, dann rechts außen am Rand entlanglaufen). Es kann auch mit der Hand-an-der-Wand-Methode durchlaufen werden.

Roxburghe Labyrinth, Floors Castle, Schottland,
Entwurf: Minotaur Designs, eröffnet 1983 ▶

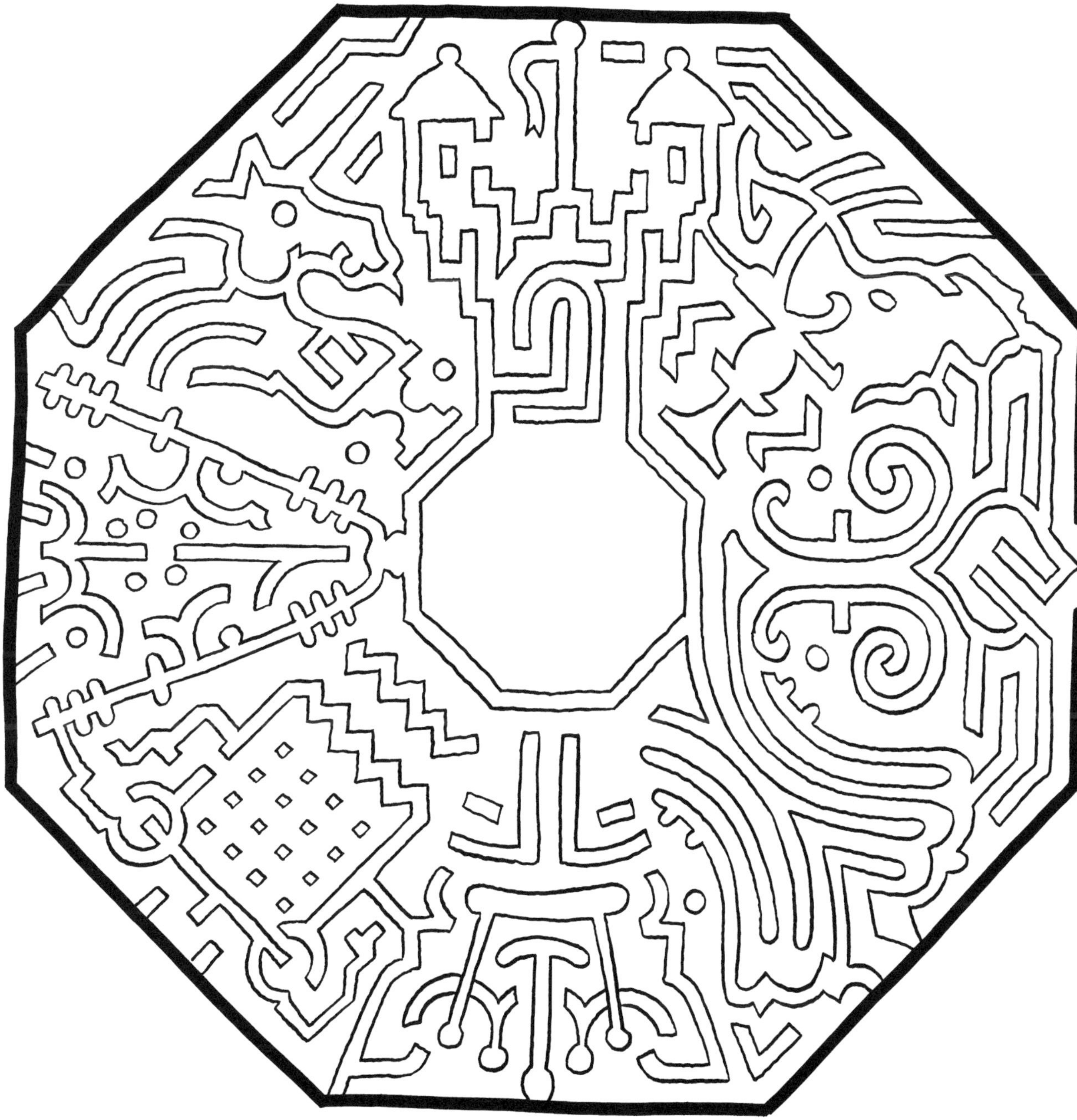

Märchenreise

Geh – ohne zu wissen, wohin.
Bring – ohne zu wissen, was.
Der Pfad ist lang,
der Weg nicht bekannt.

Aus einem russischen Märchen

Wenn man ein Labyrinth im Freien betritt, so steht am Anfang die Ungewissheit darüber, was einen erwartet. Finde ich meinen Weg? Wie lange wird es dauern, bis ich wieder draußen bin? Muss ich viel herumirren? Kann ich mich auf meinen Orientierungssinn verlassen? Auf was werde ich stoßen? Mit welchen Überraschungen muss ich rechnen? Erwartungsvolle Neugierde und bange Vorsicht mischen sich in die ersten Schritte auf dem langen, unbekannten Weg. Bei allem Zögern zieht uns aber eine geheimnisvolle Kraft nach innen, so, als brauchten wir gar nicht den Weg zu kennen, weil der Weg uns erkennt, sobald wir ihn gehen.

Im Zentrum dieses italienischen Irrgartens steht ein Aussichtsturm mit großen Bogenfenstern und zwei außen liegenden Wendeltreppen. Was erwartet Sie dort? Träumen Sie sich wie im Märchen ein wunderbares Ziel für Ihren Weg, das aller Mühe und Anstrengung wert ist.

Erinnern Sie sich an Ihr liebstes Kindermärchen und bevölkern Sie das Märchenlabyrinth mit den darin auftretenden Figuren.

Hecken-Irrgarten nach den Plänen von Girolamo Frigimelica,
Villa Pisani, Strà bei Padua, Italien, vollendet 1721 ▶

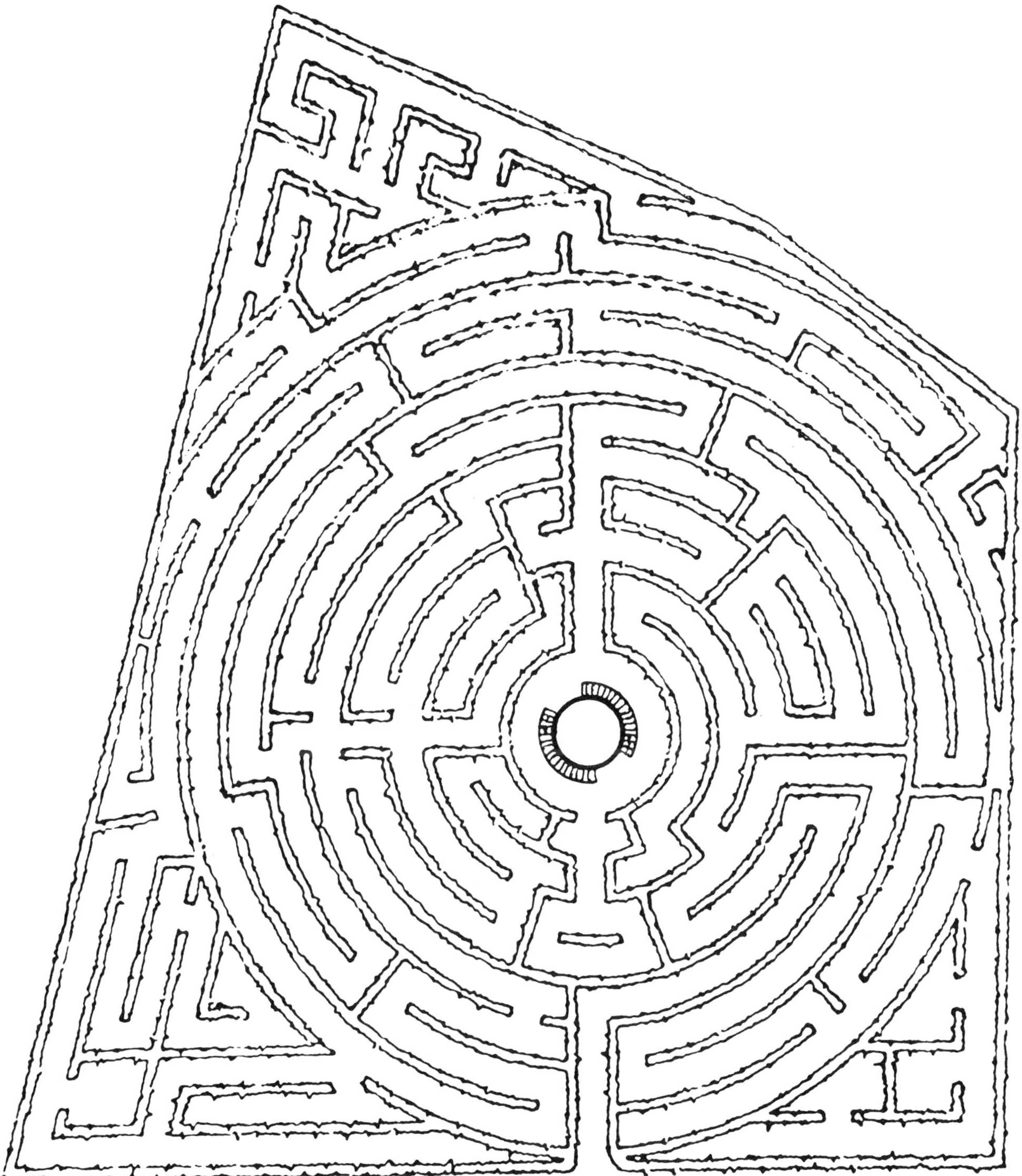

Das Känguru

Ich bin etwas unproportioniert gebaut. Wie das Känguru habe ich ganz kurze Vorderbeine, aber unendlich lange Hinterbeine. Für gewöhnlich sitze ich ganz still; komme ich aber einmal in Bewegung, so mache ich einen ungeheuren Sprung zum Entsetzen aller derjenigen, mit welchen ich verbunden bin.

Sören Kierkegaard

Die australischen Riesenkängurus haben eine ungeheure Sprungkraft: Über drei Meter hoch und bis zu 13 Meter weit kann ein einziger Sprung gehen. Dabei ist es kaum vorstellbar, dass ein neugeborenes Kängurubaby nur ein Gramm wiegt und nicht einmal zwei Zentimeter groß ist. Es kann keine großen Sprünge machen, sondern nur in den Beutel seiner Mutter klettern. Der Beginn einer großen Springerkarriere gleicht eher dem hilflosen Schlängeln und Zappeln eines Regenwürmchens.

Der Känguru-Irrgarten ist gut für alle, die etwas schwerfällig sind und den Absprung nicht so recht schaffen für den nächsten Schritt in ihrer Entwicklung. Große Sprungkraft entwickelt sich offensichtlich auch dann, wenn man nichts überspringt. Mit Besonnenheit und Stehvermögen kommt man sehr wohl zum Ziel!

Im Kängurubauch kann man natürlich auch über das andere Extrem meditieren: Menschen, die gerne große Sprünge machen beziehungsweise allzu sprunghaft sind, müssen hier mehr Kontinuität zeigen und können beim geduldigen Ablaufen der Wege üben, nicht sofort wieder »abzuspringen«.

Känguru-Irrgarten, von uns entwickelt aus der Vorlage einer Rindenmalerei der Aborigines in Australien ▶

Der heilige Weg

Seid getrost, fürchtet euch nicht! Seht, da ist euer Gott, er kommt und wird euch helfen. Und es wird dort eine Bahn sein, die der heilige Weg heißen wird.

Jesaja 35,48

Das einzige begehbare Steinbodenlabyrinth in England befindet sich in der Kathedrale von Ely. Es lehnt sich stilistisch an die großen Kirchenlabyrinthe in Nordfrankreich an und wurde unter dem Westturm angelegt, wobei die Gesamtlänge des Pfades genau der Höhe des Westturmes entspricht. Wenn man diagonal auf das Labyrinth schaut, bemerkt man, dass seine Form einem Kreuz entspricht.

Die vielen Kanten und Ecken des Labyrinths weisen auf die Gebrochenheit des Lebens hin. Welche Verletzungen sind Ihnen auf Ihrem Lebensweg widerfahren? Welche Wunden haben Sie erleiden müssen?

Neben dem Labyrinth steht in der Kathedrale auch eine Figur, die den verwundeten Christus als Heiler zeigt. Innere Heilung fängt immer damit an, dass wir uns jemandem mit unseren Lebenswunden und seelischen Verletzungen anvertrauen und bereit sind, uns helfen zu lassen. Versuchen Sie, bei jedem Schritt darauf zu lauschen, was Ihnen der verwundete Christus Tröstliches zuflüstert, während Sie den heiligen Weg gehen.

Fußbodenlabyrinth, 6 x 6 m, Ely Cathedral, Ely, Cambridgeshire, Südengland, durch den Architekten Sir Gilbert Scott bei seinen Restaurierungsarbeiten an der Kathedrale im Jahre 1870 realisiert ▶

Das Labyrinth der Schulbuben

Rabbi Baruchs Enkel, der Knabe Jechiel, spielte einst mit einem anderen Knaben Verstecken. Er verbarg sich gut und wartete, dass ihn sein Gefährte suche. Als er lange gewartet hatte, kam er aus dem Versteck; aber der andere war nirgends zu sehen. Nun merkte Jechiel, dass jener ihn von Anfang an nicht gesucht hatte. Darüber musste er weinen, kam in die Stube seines Großvaters gelaufen und beklagte sich über den bösen Spielgenossen. Da flossen Rabbi Baruch die Augen über, und er sagte: »So spricht Gott auch: ›Ich verberge mich, aber keiner will mich suchen.‹«

Aus den Erzählungen der Chassidim

Von diesem ungewöhnlichen und lustig wuchernden Rasenlabyrinth wird berichtet, dass es von den Schulbuben und der Dorfjugend von Pimpern sehr geliebt und mit großem Vergnügen besonders an den Feiertagen durchlaufen wurde.
Kinder lieben Such- und Versteckspiele. Instinktiv üben sie sich in der Fähigkeit, verloren zu gehen und sich finden zu lassen. Unermüdlich ist auch ihre Entdeckerfreude und ihr Drang, neue Wege auszuprobieren. Für Erwachsene ist es oft belebend, sich mit der »heiligen Sachlichkeit« des Kindes ins Labyrinth zu wagen. Dort machen wir die gleiche wohltuende Erfahrung wie Kinder: Im Herzen der Dinge liegt »versteckt« ein fester, guter Kern. Wir spüren wieder die Zuverlässigkeit all dessen, was ist, auch wenn um uns herum so vieles verwirrend und undurchschaubar zu sein scheint.
Beim Ausmalen können Sie über das kleine Herz im Zentrum als Ihren festen Zielpunkt meditieren, während Sie sich im Labyrinth tummeln. Für wen schlägt es?

Rasenlabyrinth in Pimpern bei Blandford, Dorset, England, vermutlich 17. Jahrhundert, von der Bevölkerung »Troy Town« (Troja-Stadt) genannt, 1730 untergepflügt und zerstört ▶

Der Drache

Vielleicht sind alle Drachen unseres Lebens
Prinzessinnen, die nur darauf warten,
uns einmal schön und mutig zu sehen.
Vielleicht ist alles Schreckliche im Grunde
das Hilflose, das von uns Hilfe will.

Rainer Maria Rilke

Der schreckliche Drache ist eines der wichtigsten Märchentiere überhaupt. Er verkörpert das Böse und das Chaos, die den Menschen sowohl äußerlich als Naturgewalt als auch innerlich als wilde Triebnatur gefährden und bedrohen. Wer sich dem Kampf mit dem Drachen stellt, steht vor der Aufgabe, sich der eigenen Anteile am Bösen bewusst zu werden.

Rilke hat gegen die Angst vor dieser Selbsterfahrung einen tröstlichen und weisen Gedanken formuliert: Alles Schreckliche ist hilflos sich selbst ausgeliefert. Im Bedrohlichen verborgen, wartet unsere eigene »Prinzessin Seele« sehnsüchtig darauf, dass wir sie mutig befreien.

Man muss den Drachen nicht unbedingt töten; man kann ihn auch zähmen und verehren, wie es in China der Fall ist. Dort haben Drachen eine positive Bedeutung: Die Himmelsdrachen bringen Regen, fördern die Fruchtbarkeit der Erde, symbolisieren die kaiserliche Macht und hüten verborgene Schätze wie Weisheit, Glück und langes Leben.

Malen Sie einmal ein Labyrinth auf einen Flugdrachen und lassen Sie ihn steigen!

Heckenlabyrinth im Newquay Zoo in Cornwall, England, 20. Jahrhundert.
Die Kreise bezeichnen drei pavillonartige Volieren ▶

Die Mondstadt

Mit dem Monde will ich wandeln: Schlangenwege über Berge
führen Träume, bringen Schritte durch den Wald dem Monde zu.
Schlangenwege durch die Wälder bringen mich zum Silbersee:
nur ein Nachen auf dem Wasser, heilig oben unser Mond.
Schlangenwege durch die Wälder führen mich zu einem Berg.
Oben steht der Mond und wartet, und ich steige leicht empor.

Theodor Däubler

Jericho gilt als älteste Stadt der Welt. Der Name »Yeriho« geht auf dieselbe sprachliche Wurzel zurück wie »Yareh« (der Mond). Jericho bedeutet folglich »die Mondstadt«. Der lateinische Text dieser mittelalterlichen Buchmalerei gibt noch einen anderen Grund für den Namen an: Urbs Jericho lune fuit assimilata figure – die Stadt Jericho war von mondähnlicher Gestalt.

Zu biblischen Zeiten war Jericho eine blühende Stadt voller Palmen- und Balsamhaine, berühmt für den Anbau von Spezereien und Standort des luxuriösen Winterpalastes von Herodes dem Großen. Der auch von Jesus genutzte Pilgerweg von Galiläa nach Jerusalem führte über Jericho.

- Dieses Labyrinth sieht wunderschön aus, wenn Sie die »Schlangenwege« mit Silberstift markieren.
- Man kann die Mondstadt mit Leuchtkreide auf die Straße malen und nachts im sanften Mondlicht die geheimnisvolle Blüte im Zentrum leuchten lassen.
- Die Mondstadt sieht auch auf Taschen, T-Shirts oder Seidentüchern gut aus.

Farbige Miniatur auf Pergament, Durchmesser: 13 cm. Sammelhandschrift, St. Emmeram, Regensburg, Deutschland, 12. Jahrhundert ▶

Urbs . Iericho . lune . fuit
assimilata figure .

Der schottische Stern

Wage du, zu irren und zu träumen.

Friedrich Schiller

Das Murray Labyrinth gehört zum Garten von Scone Palace, erbaut am alten Krönungsort der schottischen Könige vor der Vereinigung von England und Schottland zum United Kingdom. Die typisch viereckige Grundform eines Labyrinths wurde hier elegant geweitet und gedehnt, bis sie in eine neue Dimension passte: Es entstand ein fünfzackiger Stern. Er geht auf das Wappen der Familie Murray zurück, die das Labyrinth anlegen ließ.

Die Buchenhecken wurden abwechselnd in grüner und kupferfarbener Tönung angepflanzt, um an ein Schottenmuster zu erinnern. Malen Sie das Labyrinth zweifarbig aus: die gepunkteten Heckenabschnitte mit der einen, die weißen mit der anderen Farbe.

In Schottland hat jeder Clan ein eigenes »Tartan«, sein unverwechselbares Schottenmuster, das alle Familienmitglieder tragen und durch das sie schon rein optisch ihre Verbundenheit zeigen. Im »schottischen Stern« können Sie auf Tuchfühlung mit der eigenen Familientradition gehen und deren Irrtümern wie deren Träumen nachspüren.

Heckenlabyrinth, Scone Palace, Schottland, Design von Adrian Fisher, 1986 ▶

Der Delphin

Und hättest du den Ozean durchschwommen,
das Grenzenlose dort geschaut,
so sähst du dort doch Well auf Welle kommen,
selbst wenn es dir vorm Untergange graut.
Du sähst doch etwas. Sähst wohl in der Grüne
gestillter Meere streichende Delphine;
sähst Wolken ziehen, Sonne, Mond und Sterne.

Johann Wolfgang von Goethe

Der sonst so freundliche Delphin wirkt als Labyrinth etwas unheimlich und durch die zackenförmige Musterung auch recht urtümlich, so als sei er aus fernen Zeiten zu uns geschwommen. Und das stimmt auf jeden Fall psychologisch: Der seltsame Meeresbewohner aus der Tiefe ist ein Urbild unserer Seelen und erinnert an die bedrohliche wie an die Leben spendende Macht des Wassers, das für uns Untergang oder Geburt bedeuten kann. Auch diese Ebene gehört zur Bedeutungsvielfalt des Labyrinths. Wer das Labyrinth betritt, ist für seine bisherige Welt »gestorben«, wer es verlässt, erlebt es als Geburt einer neuen Seinsweise, die den Blick bis ins Kosmische weiten kann.

Im Delphin kann man bei den vielen Pendelbewegungen, die er dem Gehenden abverlangt, darüber reflektieren, wohin wir den weiten Weg durchs Leben geführt werden: zu Tod oder Geburt? Wenn Sie auf Geburt und Tod schauen, halten Sie beides für Verschiedenes?

Gestalten Sie das Labyrinth in fließenden und schillernden Blau- und Grüntönen, am besten mit Wasser- oder Aquarellfarben.

Labyrinth des Architekten Francesco Segalla, Holzschnitt aus seinem Buch »Libro de laberinti«, Padua, Italien, 16. Jahrhundert ▶

Der Pavillon

Ein zarter Nebelhauch schwebt überm Land und webt
dem Mond ein Schleiertuch. Mir leuchten Blumen
den Weg zu dir. Die goldbestickten Schuhe in der Hand,
eil barfuß ich hinab die feuchten Stufen, und dort beim Pavillon –
du wartest schon ...

Kaiser Li Yü

Zwischen 1550 und 1650 war es in Europa Mode, Liebeslabyrinthe in große Gärten zu bauen. Dazu wurden konzentrische Kreise aus mannshohen Hecken gepflanzt, die einen guten Sichtschutz boten, andererseits aber auch den Überblick verwehrten. Das Labyrinth wurde damit zum Sinnbild für die erotische Suche und die Schwierigkeiten und Hindernisse, die Verliebte zu überwinden haben.
Im Zentrum eines barocken Liebeslabyrinths steht immer eine grün bewachsene Laube oder ein Pavillon aus Holz oder Stein für das Stelldichein der Liebenden. In Anlehnung an das erste Liebespaar Adam und Eva wurde dieses Ziel als Paradies gedeutet und der Lustgarten mit dem Garten Eden gleichgesetzt.

Gestalten Sie vier der acht Labyrinthsektoren mit »weiblichen«, die anderen vier mit »männlichen« Farben. Wenn Sie sich von dem Gedicht des chinesischen Kaisers inspirieren lassen wollen, können Sie die Labyrinthumgänge als Stufen deuten, die man (ähnlich wie bei einer Arena) von oben nach unten zum nächtlichen Stelldichein hinabeilen kann.

Schmücken Sie eine romantische Einladungskarte mit diesem Motiv.

Tipp fürs Ausmalen: Der Pavillon wirkt besonders einladend, wenn Sie sein Inneres mit warmem Goldgelb erstrahlen lassen.

Entwurf für ein Gartenlabyrinth von Hofmedicus D. Loris aus Montbéliard, Holzschnitt aus seinem Buch »Le Thresor des Parterres De L'Univers ...«, Genf, 1579 ▶

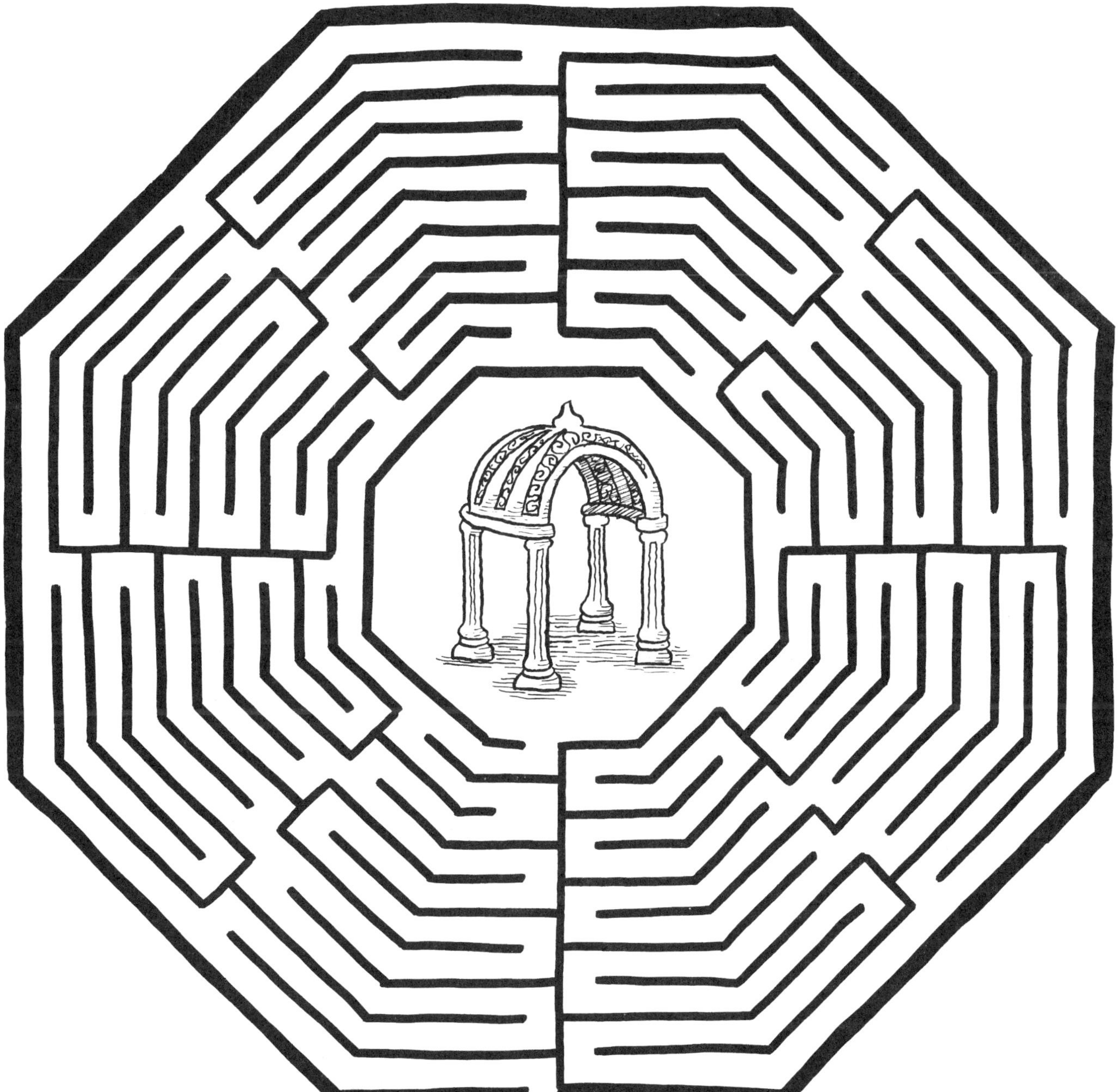

Die Katze im Irrgarten

»Würdest du mir bitte sagen, wie ich von hier aus weitergehen soll?«, fragte Alice. »Das hängt sehr davon ab, wo du hinwillst«, erwiderte die Katze. »Wohin ich komme, ist nicht so wichtig ...«, sagte Alice. »Dann ist es auch gleich, wie du gehst«, meinte die Katze.

Lewis Carroll

Das Labyrinth liegt am sanft ausschwingenden Ende eines kleinen Tales, wie ein Nest eingebettet in einer kleinen Senke. Man nimmt beim Durchgang immer die Neigung des Hanges unter den Füßen wahr. Von der gegenüberliegenden Hangseite hat man einen schönen Blick in der Vogelperspektive über die weich gewundenen Lorbeerhecken.

Die freundlich geschlängelten Wege laden dazu ein, sich von der nächsten Biegung überraschen zu lassen. Hier muss man das Ziel nicht genau kennen oder beständig im Auge behalten, um Spaß am Weg zu haben. Hier kann man innerlich ein Stück loslassen, eins werden mit dem Gehen und zulassen, dass der Weg selbst die Führung übernimmt. Am Ende entdecken wir wieder, dass entspannte Absichtslosigkeit, wie wir sie bei Katzen so bewundern, uns fast anstrengungslos bis zum Ziel trägt.

Versuchen Sie einmal, ob Sie in den verschlungenen Pfaden die Umrisse einer stehenden Katze mit erhobenem Schwanz erkennen können.

Heckenlabyrinth von Glendurgan House, Entwurf von Alfred Fox, England, 1833 ▶

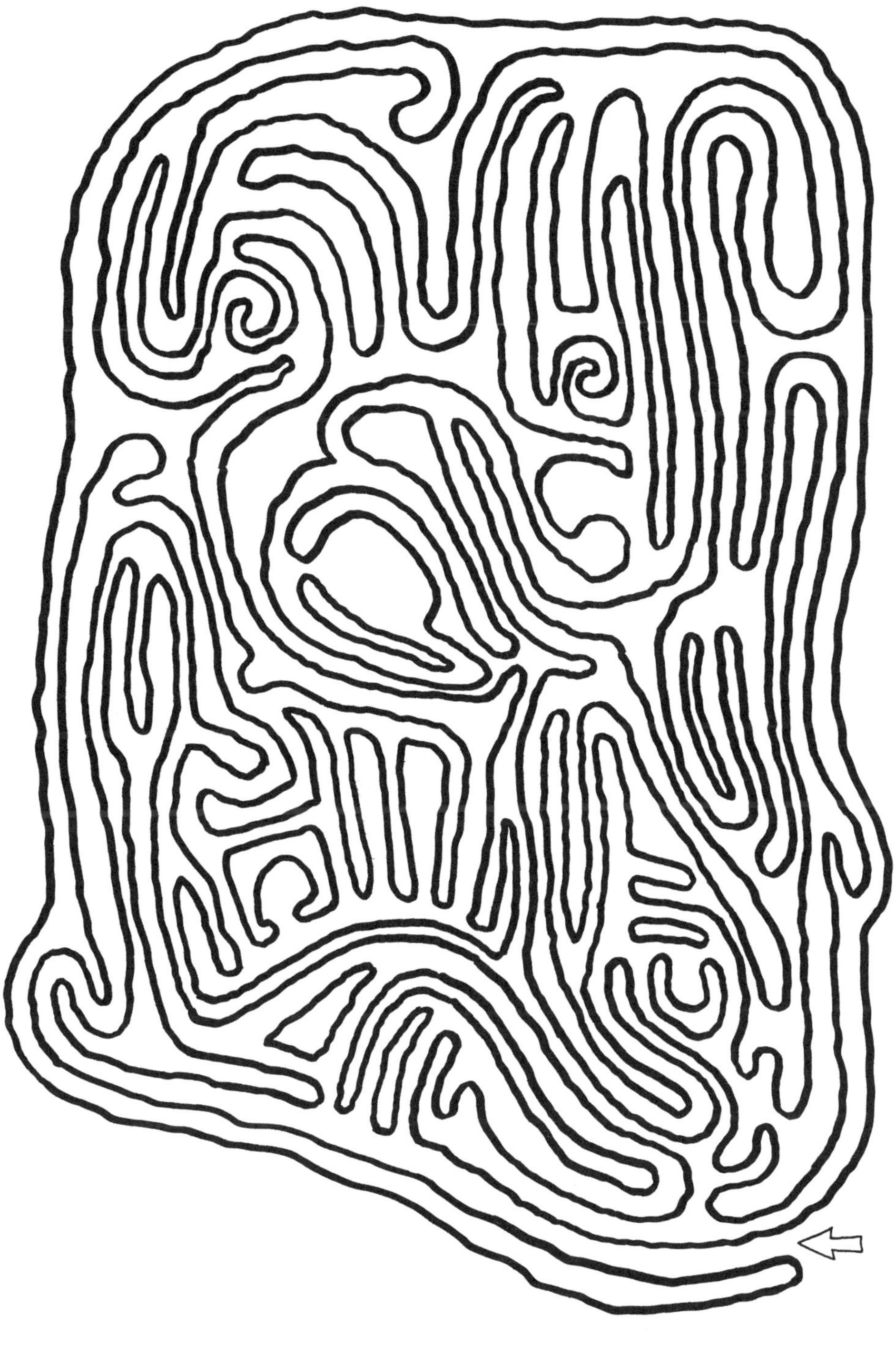

Drei Ecken

Drei Dinge, die einen Harfner machen:
eine Weise, die dich weinen macht,
eine Weise, die dich lachen macht,
eine Weise, die dich schlafen macht.

Irische Triade aus dem 9.Jahrhundert

Aller guten Dinge sind drei, sagen wir und meinen damit etwas Rundes und Ganzes, das zum Abschluss gekommen ist. Die Drei ist aber auch dynamisch, sie setzt uns in Beziehung, fügt etwas Neues hinzu und sorgt – wie im Märchen der dritte Bruder oder die jüngste von drei Schwestern – oft für Überraschungen. Manchmal bringt sie auch Komplikationen mit sich und Spannungen, zum Beispiel, wenn wir in ein Dreiecksverhältnis geraten sind.

Die Iren haben eine Vielzahl volkstümlicher Triaden gedichtet, in denen sich der christliche Trinitätsgedanke spiegelt. Wenn die Welt vom dreieinigen Gott geschaffen wurde, dann finden sich auch in jedem Menschen und in jeder Situation Spuren dieser Dreierstruktur: Körper – Seele – Geist, Werden – Sein – Vergehen, Kopf – Herz – Hand, Vater – Mutter – Kind, Glaube – Hoffnung – Liebe usw.

Wenn Sie in eine Ecke kommen, können Sie eine für Sie wichtige Dreiergruppe benennen. Auch Kindern fällt überraschend viel ein, ob es nun Stadt-Land-Fluss, Friede-Freude-Eierkuchen oder einfach das ABC ist.

Schreiben Sie in die erste Ecke, was Sie zum Weinen bringt, in die zweite, was Sie erheitert, und in die dritte Dinge oder Themen, die Sie ermüden oder einschläfern. Versuchen Sie, zwischen den drei Bereichen ein Gleichgewicht zu halten.

Labyrinthzeichnung von Georg Andreas Boeckler, Kupferstichtafel aus seinem Buch »Architectura Curiosa Nova«, erschienen in Nürnberg, 1664 ▶

Der Löwe

»Sieh es dir an, das ist unser Königreich – alles, was das Licht berührt. Die Herrschaft eines Königs geht auf und unter wie die Sonne. Eines Tages geht die Sonne meiner Herrschaft auch unter und geht mit dir als neuem König wieder auf.«
»Dann gehört mir das alles? Alles, was das Licht berührt? Und was ist mit dem schattigen Land dort drüben?«
»Das liegt jenseits unserer Grenze. Du darfst niemals dorthin.«
»Ich dachte, ein König darf alles tun, was er will?«
»Oh, es gehört mehr dazu, König zu sein, als nur seinen Willen durchzusetzen.«

Aus dem Disneyfilm »König der Löwen«

Als König der Tiere verehrt, wurde der Löwe auch zum Wappentier von Fürsten und Königen erhoben und auf Bannern und Schildern verewigt. Unser Löwe hier stammt aus dem Wappen der Herzöge von Norfolk und Kingston und ist eine schöne Erfahrung für alle, die sich bei Schwierigkeiten innerlich wappnen möchten oder sich Löwenkräfte wünschen. Man beginnt beim Fuß und verlässt das Labyrinth beim Kopf des Löwen. Der Weg verläuft mal innerhalb, mal außerhalb des Körpers.
Immer wenn Sie der Weg in den Löwen hineinführt, können Sie sich die majestätische Würde und die souverän zusammengehaltene Kraft des Löwen zu Eigen machen. Große Energie, gepaart mit Ruhe und Seelenstärke, gewinnt man, wenn man seine Grenzen kennt und den Weg des Löwen als Dienender meistert.

Bodenlabyrinth aus dreifarbigen Backsteinen in der Fußgängerzone von Worksop Town Centre, Nottinghamshire, England, 1989 ▶

Die Rose von Chartres

Ein heiliger Ort wird nicht ausgewählt, er wählt aus.

Belden C. Lane

Dieses wunderschöne Fußbodenlabyrinth wurde 1216 in der Kathedrale von Chartres gebaut und gilt als das berühmteste Kirchenlabyrinth der Welt. Es hat elf Umgänge und eine rosenähnliche Blüte in der Mitte. Die Bahnen sind grau wie der übrige Boden der Kathedrale und voneinander durch schmale schwarz-blaue Marmorstreifen getrennt.

Zur Meditation in der »Rose von Chartres« kann man einen Gedanken von Hugo von St. Viktor, einem französischen Mystiker, mitnehmen: »Zu Gott aufsteigen, das bedeutet zu sich selbst eingehen. Es ist nicht allein dieses Eingehen; auf eine unaussprechliche Weise muss man in dem Innersten über sich selbst hinausgehen. Wer in sich selbst eindringt, indem er in sein Inneres hineingeht und zum inneren Seelenbereich vorstößt, der steigt in Wahrheit zu Gott auf. Das Allerinnerste ist das Nächste, Höchste und Ewige. Das Äußerste ist dagegen das Unterste, Ferne und Vergängliche. Wir erkennen, dass die Welt in Wahrheit außerhalb von uns, Gott aber in uns ist.«

Verweilen Sie in Ruhe vor dem Labyrinth und betrachten Sie es still, ohne es zu betreten. Warten Sie auf den Augenblick, in dem der »heilige Raum« Sie ruft und sich Ihnen eröffnet. Gehen Sie immer nur so weit, wie der Raum es zulässt. Lassen Sie von ihm auch beim Ausmalen die Wahl Ihrer Farben bestimmen.

Bodenlabyrinth in der Kathedrale von Chartres, Durchmesser: ca. 12,5 m, gesamte Weglänge: 294 m, Frankreich, 13. Jahrhundert ▶

Die »Golden Hind«

Wenn du dich auf die Suche nach Ithaka begibst,
dann bete, dass deine Reise lang sein möge,
reich an Abenteuern und Erkenntnissen.
Fürchte nicht die Geister der Vergangenheit ...
Du wirst ihnen nicht begegnen auf deinen Wegen,
solange deine Gedanken froh und heiter sind,
solange wahre Leidenschaft Geist, Körper und Seele entfacht.
Du wirst keiner Spukgestalt begegnen, die du fürchten müsstest,
solange du sie nicht in deiner Seele trägst,
solange deine Seele ihr nicht Gestalt verleiht.

Constantine Peter Cavafy

Der berühmte Seefahrer Sir Francis Drake (1543–1596) schaffte mit der »Golden Hind«, dem letzten aus einem Geschwader von fünf Schiffen, in den Jahren 1577 bis 1580 die Weltumsegelung. Abenteuerlust und Zuversicht verließen den englischen Freibeuter auch bei Tiefschlägen nicht. Als die »Golden Hind« wegen zu schwerer Fracht vor der indonesischen Insel Celébes auf ein Riff auflief, ließ er die kostbare Ladung (Gewürznelken) kurzerhand über Bord werfen, obwohl sie ihn ein Vermögen gekostet hatte und ein noch größeres hätte einbringen sollen.

Von welchem »Ithaka« träumen Sie? Welches Stück Welt möchten Sie für sich noch entdecken? Welche Ladung möchten Sie an Bord Ihres Lebensschiffes nehmen und was könnten Sie über Bord werfen?

Spuken noch »Geister der Vergangenheit« auf Ihrem Schiff herum oder spüren Sie den Geist der Freiheit, der alle beseelt, die die Vergangenheit losgelassen haben?

Maisfeldlabyrinth mit dem Schiff »Golden Hind« als zentralem Motiv. 1995 erhielt dieses Labyrinth den Eintrag ins »Guinness Buch der Rekorde« als größtes Labyrinth der Welt ▶

Register

Labyrinthe nach Formen

Klassische Labyrinthe (ohne Abzweigungen)

S. 16/17 Der Faden der Ariadne, S. 18/19 Theseus und Ariadne, S. 24/25 Die Kieselsteine, S. 28/29 Die vier Elemente, S. 30/31 Der schwarze Mann, S. 34/35 Der Kranichtanz, S. 38/39 Das Kreuz von Cirencester, S. 40/41 Die Jungfrau, S. 50/51 Das Haus des Tcuhu, S. 52/53 Die Stadttore, S. 56/57 Das Siegel der Verschwiegenheit, S. 60/61 Die Mauern von Jericho, S. 66/67 Der Turm, S. 68/69 Das Labyrinth der Gottesliebe, S. 70/71 Die Erlösung, S. 78/79 Der Pfad der Schönheit, S. 90/91 Die Mauer, S. 92/93 Das Tor zur Unterwelt, S. 96/97 Der Pilgerweg, S. 120/121 Das Rad, S. 132/133 Der heilige Weg, S. 134/135 Das Labyrinth der Schulbuben, S. 138/139 Die Mondstadt, S. 148/149 Drei Ecken

Spezielle Formen von klassischen Labyrinthen

S. 44/45 Der Weg der Eintracht (Doppellabyrinth), S. 72/73 Das Labyrinth des Schreibmeisters (Schriftlabyrinth), S. 84/85 Im Kreis der Turner (Spiralen)

Irrgärten (mit Abzweigungen)

S. 20/21 Das Steinhuhn, S. 22/23 Der verschlossene Garten, S. 26/27 Das Einhorn, S. 42/43 Die Sonne, S. 48/49 Die Blumentugenden der Königin, S. 54/55 Der Hund, S. 62/63 Im Kräuterlabyrinth, S. 76/77 Der Wirbel, S. 80/81 Das Schiff von Segala, S. 94/95 Der Leitstern, S. 98/99 Die Spinne, S. 108/109 Das englische Grün, S. 116/117 Die Freude im Bauch, S. 122/123 Das Labyrinth der Könige, S. 124/125 Die Schnecke, S. 126/127 Im Schloss, S. 128/129 Märchenreise, S. 130/131 Das Känguru, S. 136/137 Der Drache, S. 144/145 Der Pavillon, S. 146/147 Die Katze im Irrgarten, S. 150/151 Der Löwe

Besonders komplizierte Irrgärten

S. 32/33 Der Reiter, S. 46/47 Das Falkenei, S. 58/59 Der Schlüssel, S. 64/65 Der Narr, S. 74/75 Die Lokomotive, S. 82/83 Die Wunderburg, S. 86/87 Der Klostergarten, S. 88/89 Im Liebes-Irrgarten, S. 100/101 Das Spiel im Labyrinth, S. 104/105 Brücken und Gassen, S. 110/111 Im Reich der Phantasie, S. 112/113 Der Traum des Poliphilo, S. 118/119 Das Labyrinth des Blinden, S. 140/141 Der schottische Stern, S. 142/143 Der Delphin, S. 154/155 Die »Golden Hind«

Besonders einfache Irrgärten (für kleine Kinder)

S. 20/21 Das Steinhuhn, S. 26/27 Das Einhorn, S. 30/31 Der schwarze Mann, S. 102/103 Der Hirsch, S. 106/107 Das Auge in der Hand, S. 114/115 Der Palast des Salomon

Spezielle Formen von Irrgärten

S. 36/37 Veronicas Labyrinth (Abzweigungslabyrinth)

Labyrinthe nach Kulturkreisen

Labyrinthe minoischen Typs (Minotaurus)

S. 24/25 Die Kieselsteine, S. 34/35 Der Kranichtanz, S. 40/41 Die Jungfrau, S. 60/61 Die Mauern von Jericho, S. 78/79 Der Pfad der Schönheit, S. 138/139 Die Mondstadt

Lateinische Labyrinthe (Quadranten)

S. 18/19 Theseus und Ariadne, S. 38/39 Das Kreuz

von Cirencester, S. 52/53 Die Stadttore, S. 66/67 Der Turm, S. 92/93 Das Tor zur Unterwelt

Mittelalterliche Labyrinthe (konzentrische Kreise)

S. 28/29 Die vier Elemente, S. 68/69 Das Labyrinth der Gottesliebe, S. 90/91 Die Mauer, S. 96/97 Der Pilgerweg, S. 152/153 Die Rose von Chartres

Moderne christliche Labyrinthe

S. 70/71 Die Erlösung, S. 132/133 Der heilige Weg

Indianische Labyrinthe

S. 50/51 Das Haus des Tcuhu, S. 78/79 Der Pfad der Schönheit

Labyrinthe nach Gestaltungsarten

Rasenlabyrinthe

S. 16/17 Der Faden der Ariadne, S. 36/37 Veronicas Labyrinth, S. 42/43 Die Sonne, S. 108/109 Das englische Grün, S. 120/121 Das Rad, S. 134/135 Das Labyrinth der Schulbuben

Heckenlabyrinthe

S. 46/47 Das Falkenei, S. 48/49 Die Blumentugenden der Königin, S. 62/63 Im Kräuterlabyrinth, S. 104/105 Brücken und Gassen, S. 112/113 Der Traum des Poliphilo, S. 122/123 Das Labyrinth der Könige, S. 128/129 Märchenreise, S. 136/137 Der Drache, S. 140/141 Der schottische Stern, S. 146/147 Die Katze im Irrgarten

Entwürfe für Gartenlabyrinthe

S. 22/23 Der verschlossene Garten, S. 76/77 Der Wirbel, S. 82/83 Die Wunderburg, S. 86/87 Der Klostergarten, S. 144/145 Der Pavillon

Maisfeldlabyrinthe

S. 74/75 Die Lokomotive, S. 154/155 Die »Golden Hind«

Fußbodenlabyrinthe

S. 38/39 Das Kreuz von Cirencester, S. 52/53 Die Stadttore, S. 68/69 Das Labyrinth der Gottesliebe, S. 92/93 Das Tor zur Unterwelt, S. 96/97 Der Pilgerweg, S. 132/133 Der heilige Weg, S. 150/151 Der Löwe, S. 152/153 Die Rose von Chartres

Gewebte Labyrinthe

S. 26/27 Das Einhorn, 44/45 Der Weg zur Eintracht

Reliefs, Wand-, Sand- und Felszeichnungen

S. 20/21 Das Steinhuhn, S. 34/35 Der Kranichtanz, S. 40/41 Die Jungfrau, S. 50/51 Das Haus des Tcuhu, S. 102/103 Der Hirsch

Trojaburgen

S. 24/25 Die Kieselsteine

Zeichnungen, Holzschnitte, Kupferstiche

S. 28/29 Die vier Elemente, S. 30/31 Der schwarze Mann, S. 32/33 Der Reiter, S. 54/55 Der Hund, S. 56/57 Das Siegel der Verschwiegenheit, S. 60/61 Die Mauern von Jericho, S. 64/65 Der Narr, S. 66/67 Der Turm, S. 70/71 Die Erlösung, S. 72/73 Das Labyrinth des Schreibmeisters, S. 80/81 Das Schiff von Segala, S. 84/85 Im Kreis der Turner, S. 88/89 Im Liebes-Irrgarten, S. 90/91 Die Mauer, S. 98/99 Die Spinne, S. 100/101 Das Spiel im Labyrinth, S. 106/107 Das Auge in der Hand, S. 110/111 Im Reich der Phantasie, S. 114/115 Der Palast des Salomon, S. 116/117 Die Freude im Bauch, S. 118/119 Das Labyrinth des Blinden, S. 124/125 Die Schnecke, S. 130/131 Das Känguru, S. 138/139 Die Mondstadt, S. 142/143 Der Delphin, S. 148/149 Drei Ecken

Motiv-Labyrinthe

Menschen

S. 32/33 Der Reiter, S. 64/65 Der Narr, S. 106/107 Das Auge in der Hand

Tiere

S. 20/21 Das Steinhuhn, S. 26/27 Das Einhorn, S. 46/47 Das Falkenei, S. 54/55 Der Hund, S. 98/99 Die Spinne, S. 102/103 Der Hirsch, S. 112/113 Der Traum des Poliphilo, S. 124/125 Die Schnecke, S. 130/131 Das Känguru, S. 136/137 Der Drache, S. 142/143 Der Delphin, S. 146/147 Die Katze im Irrgarten, S. 150/151 Der Löwe

Gestirne

S. 42/43 Die Sonne, S. 94/95 Der Leitstern, S. 138/139 Die Mondstadt

Bauwerke und Technik

S. 52/53 Die Stadttore, S. 58/59 Der Schlüssel, S. 60/61 Die Mauern von Jericho, S. 74/75 Die Lokomotive, S. 80/81 Das Schiff von Segala, S. 90/91 Die Mauer, S. 126/127 Im Schloss, S. 154/155 Die »Golden Hind«

Titel der Labyrinthe

Der Faden der Ariadne 16
Theseus und Ariadne 18
Das Steinhuhn 20
Der verschlossene Garten 22
Die Kieselsteine 24
Das Einhorn 26
Die vier Elemente 28
Der schwarze Mann 30
Der Reiter 32
Der Kranichtanz 34
Veronicas Labyrinth 36
Das Kreuz von Cirencester 38
Die Jungfrau 40
Die Sonne 42
Der Weg der Eintracht 44
Das Falkenei 46
Die Blumentugenden der Königin 48
Das Haus des Tcuhu 50
Die Stadttore 52
Der Hund 54
Das Siegel der Verschwiegenheit 56
Der Schlüssel 58
Die Mauern von Jericho 60
Im Kräuterlabyrinth 62
Der Narr 64
Der Turm 66
Das Labyrinth der Gottesliebe 68
Die Erlösung 70
Das Labyrinth des Schreibmeisters 72
Die Lokomotive 74
Der Wirbel 76
Der Pfad der Schönheit 78
Das Schiff von Segala 80
Die Wunderburg 82
Im Kreis der Turner 84
Der Klostergarten 86
Im Liebes-Irrgarten 88
Die Mauer 90
Das Tor zur Unterwelt 92
Der Leitstern 94
Der Pilgerweg 96
Die Spinne 98
Das Spiel im Labyrinth 100
Der Hirsch 102
Brücken und Gassen 104
Das Auge in der Hand 106
Das englische Grün 108
Im Reich der Phantasie 110
Der Traum des Poliphilo 112
Der Palast des Salomon 114
Die Freude im Bauch 116
Das Labyrinth des Blinden 118
Das Rad 120
Das Labyrinth der Könige 122
Die Schnecke 124
Im Schloss 126
Märchenreise 128
Das Känguru 130
Der heilige Weg 132
Das Labyrinth der Schulbuben 134
Der Drache 136
Die Mondstadt 138
Der schottische Stern 140
Der Delphin 142
Der Pavillon 144
Die Katze im Irrgarten 146
Drei Ecken 148
Der Löwe 150
Die Rose von Chartres 152
Die »Golden Hind« 154

Impressum

Die Autoren
Marion Küstenmacher hat evangelische Theologie und Germanistik studiert. Es folgte eine langjährige Arbeit als Verlagslektorin mit Schwerpunkt Spiritualität und Psychologie. Heute ist sie als Enneagramm-Trainerin sowie als Autorin und Herausgeberin spiritueller Bücher tätig und Mutter von drei Kindern.
Werner Tiki Küstenmacher studierte evangelische Theologie und machte eine journalistische Zusatzausbildung. Von 1981 bis 1990 war er Leiter der Abteilung Neue Medien der bayerischen Landeskirche. Er war Mitbegründer des evangelischen Fernsehens und moderierte verschiedene kirchliche Sendungen in SAT.1. Heute ist er als Karikaturist, Buchautor und Rundfunkprediger tätig.
Gemeinsam betreuen Marion und Werner Küstenmacher als Chefredakteure den Beratungsdienst »simplify your life« im VNR Verlag für die Deutsche Wirtschaft.
Von denselben Autoren ist im Bassermann Verlag der Titel »Energie und Kraft durch Mandalas« erschienen

Wir danken folgenden Verlagen und Autoren für die Abdruckgenehmigung ihrer Texte. Leider war es nicht in allen Fällen möglich, etwaige Rechteinhaber zu ermitteln. Mögliche Rechteinhaber bitten wir, sich mit dem Bassermann Verlag in Verbindung zu setzen.
Peter S. Beagle, *Das letzte Einhorn.* Aus dem Amerikanischen von Jürgen Schweier
© 1986 by Peter S. Beagle. Klett-Cotta, Stuttgart 1975
Bertold Brecht, aus: *Gesammelte Gedichte. Band 4* © Suhrkamp Verlag Frankfurt am Main 1976
Paolo Coelho, *Auf dem Jakobsweg.* Aus dem Brasilianischen von Maralde Meyer-Minnemann
© 1999 by Diogenes Verlag AG Zürich
Umberto Eco, *Der Name der Rose.* Aus dem Italienischen von Burghart Kroeber
© 1982 Carl Hanser Verlag, München - Wien
Michael Ende, *Die unendliche Geschichte* © 1979 by K. Thienemanns Verlag, Stuttgart - Wien
Erhart Kästner, aus: *Der Hund in der Sonne.* st 270 © Suhrkamp Verlag Frankfurt am Main 1975

Die Labyrinthe auf den Seiten 27, 37, 63, 71, 75, 113, 127, 137, 141, 151 wurden von Adrian Fisher Maze Design, Portsmouth, gestaltet.
Das Labyrinth auf Seite 43 kreierte Randoll Coate, London.

ISBN 10: 3-8094-2002-6
ISBN 13: 978-3-8094-2002-6

Redaktion Gernot Geurtzen
Umschlag Therese und Horst Rothe, Niedernhausen
Layout Manuela Hutschenreiter
Herstellung Sonja Storz
DTP Wolfgang Lehner
Druck und Bindung Těšínská tiskárna, Český Těšín

Printed in Tschechien

Gedruckt auf chlor- und säurearmem Papier

597/38710599X817 2635 4453 6271